**Bright Kids
Who Couldn't Care Less**

How to Rekindle Your Child's Motivation

# 聪明却懒散的孩子
## 如何激发孩子的动机

［美］埃伦·布拉滕（Ellen Braaten）◎著
刘雨潇◎译

华夏出版社
HUAXIA PUBLISHING HOUSE

Copyright © 2023 The Guilford Press
A Division of Guilford Publications, Inc.
Published by arrangement with The Guilford Press

北京市版权局著作权合同登记号：图字01-2023-3753号

### 图书在版编目（CIP）数据

聪明却懒散的孩子：如何激发孩子的动机 /（美）埃伦·布拉滕（Ellen Braaten）著；刘雨潇译. -- 北京：华夏出版社有限公司，2024.7

书名原文：Bright Kids Who Couldn't Care Less: How to Rekindle Your Child's Motivation

ISBN 978-7-5222-0653-0

Ⅰ. ①聪… Ⅱ. ①埃… ②刘… Ⅲ. ①心理健康－家庭教育 Ⅳ. ①G444②G78

中国国家版本馆 CIP 数据核字（2024）第 028054 号

**聪明却懒散的孩子：如何激发孩子的动机**

| | |
|---|---|
| 作　　者 | ［美］埃伦·布拉滕 |
| 译　　者 | 刘雨潇 |
| 责任编辑 | 张冬爽　马佳琪 |
| 责任印制 | 顾瑞清 |

| | |
|---|---|
| 出版发行 | 华夏出版社有限公司 |
| 经　　销 | 新华书店 |
| 印　　装 | 三河市万龙印装有限公司 |
| 版　　次 | 2024 年 7 月北京第 1 版　2024 年 7 月北京第 1 次印刷 |
| 开　　本 | 880×1230　1/32 开 |
| 印　　张 | 8.5 |
| 字　　数 | 190 千字 |
| 定　　价 | 59.00 元 |

**华夏出版社有限公司**　地址：北京市东直门外香河园北里 4 号　邮编：100028
网址：www.hxph.com.cn　电话：(010) 64663331（转）

若发现本版图书有印装质量问题，请与我社营销中心联系调换。

献给米格尔·费尔南德斯·曼德克（Miguel Fernandez Mandek），在我习惯于对什么都不关心的时候，是他让我学会如何对周围的人或事有更多关注。

# 作者说明

　　随着语言不断演化，我希望能在选择人称代词时尽量代表更广泛的读者，所以在本书中交替使用"他""她"和"他们"作为人称代词。我衷心希望所有人都能感到被关注。

　　为保护当事人隐私，书中所有关于家庭的案例所涉个人信息，包括人口统计的细节，均已做过改动。

# 推荐序

为人父母，我们都对孩子抱有期待与盼望，希望他们健康，希望他们找到自己的价值，追逐自己的梦想。但是，一个孩子要想实现自己的潜能，绝不可能仅凭父母的盼望，还要找到自身的内在动机。而随着孩子逐渐长大，逐渐改变，维系内在动机可能颇为不易。

当一个孩子对自己曾经的兴趣、爱好、朋友这一切都丧失了热情时，总会令人无比惋惜。对此，埃伦·布拉滕（Ellen Braaten）博士所著的《聪明却懒散的孩子》一书或会有所裨益。本书深入讨论了一些孩子丧失动机的原因，也为父母和老师重新点燃孩子的热情提供了切实可行的指引。

面对丧失热情的孩子，父母往往手足无措，摆在他们眼前的是太多太多需要他们独自面对的问题：这个曾经和宠物玩耍时眼睛会发光的孩子，这个曾经愿意花上几个小时在球场练习传球的孩子，为什么会变得只能依靠强拖才能从床上起来？为什么我无论说什么、做什么好像都无法让孩子接受？热情的丧失是阶段性的吗？我是不是对孩子期待太高了，抑或太低了？我怎样才能帮助我的孩子在未来享受幸福、获得成功呢？

正如埃伦解释的那样，动机非常复杂。动机不会凭空出现，若想重燃孩子的动机，我们需要密切关注他所热切追求的目标，同时关注他在追逐目标时遇到的障碍。而本书恰好直观地解释了动机的运作机制,并且提供了一套方法,帮助孩子回归正轨——无论是发现新的兴趣还是找回原来的兴趣。

幼年时,孩子的一些兴趣与能力往往显而易见,有些能伴其一生,而随着孩子成长,它们却常被父母忽略。父母有时会对孩子未来的样子,或者对他们希望孩子成为的样子,形成过于明晰的认知,以至于他们忘记去仔细看看孩子究竟是怎样的。父母若想帮助孩子重拾热情,便要去看一看,孩子真正关心的是什么,切忌异想天开。父母不能认为孩子什么都做得到,父母要诚实地面对孩子,诚实地看待孩子的热情和能力,帮助孩子设定合理的目标,锻造实现目标所需的本领。

逐渐激发孩子对探索、学习和做出成就的热情,这非常重要。它不仅是孩子幸福成长的基石,也能塑造孩子的韧性。孩子在成长过程中,难免遇到困难,往往正是动机驱使他们在困境中坚持下来,并以更大的决心继续前行。例如,在新型冠状病毒感染(COVID-19)流行期间,埃伦在她的临床经验中发现,如果孩子知道自己的兴趣和特长所在,那么隔离和百无聊赖就往往不容易影响到孩子的正常生活。埃伦通过激发内在动机,帮助许许多多的孩子经受住了那段时期的挑战,使他们变得更加务实,也更加坚定。

这是一本了不起的书,它的作者是一位了不起的女性。我见过埃伦工作时的样子。她是一位心理学家、一位研究者,是儿童神经心理学和心理评估领域的领军人物。她在哈佛医学院工作了25年,在麻省总医院创设了学习和情绪评估项目(Learning and Emotional Assessment Program, LEAP)中心——一个由美国国家认证的学习差异评估中心,并任执行主任。

埃伦热切地希望自己能让那些丧失了热情的孩子的父母更有力量。她希望自己能够帮助他们，让他们成为孩子强有力的支持者。几十年来，她致力为有缘见到她的家庭做顾问并提供治疗。而这本《聪明却懒散的孩子》则让她的智慧和专长走进千家万户。她在书中分享了许多策略，这些策略可以帮助那些丧失了热情的孩子尽快重归正轨。她还向所有读者展示了怎样才能让他们所关爱的孩子保有持久的动力，无论采用哪种方式。

如果您是一位家长，正苦于如何激发孩子的动机，那么读读这本书，您就会相信孩子一定可以找到办法让自己过上幸福、健康的生活。这本书将告诉您，怎样培养孩子的优势，有哪些举措可以让孩子愈见黯淡的优势重放光彩。如果您是一位老师，正努力让孩子不"脱轨"，那么这本书将提供一些方法，这些方法均经过实践检验，有助于您给孩子设定清晰灵活的目标，培养孩子的成长型思维。这本书是一份礼物，献给每一位关心下一代的人。

谢丽尔·桑德伯格（Sheryl Sandberg）

# 致　　谢

感谢我的编辑和朋友凯蒂·摩尔（Kitty Moore）和克里斯·邦顿（Chris Benton），这本书倾注了她们的学识和洞见。她们是非常出色的编辑，拥有令人惊艳的直觉，总能帮助我全神贯注，要知道这不是一桩容易的事。每次和她们聊天，无不是从笑声中开始，又从笑声中结束，而在欢笑中，我收获了许多真知灼见。我为她们创作的每一本书都见证了一段艰难的人生经历——对我们中某个或某些人来说，虽然艰难中也偶有令人欢欣的事情。就这本书而言，这段艰难经历便是蔓延世界的新型冠状病毒感染（COVID-19）的流行。而在这些或美好而值得铭记，或不悦而最好忘却的时光中，能与这两位有才华的女性共事，我感到很自豪、很幸运。

同样令我感到幸运的是，在写作本书的两年间，我得到了克莱拉·波利（Clara Beery）的帮助。这本书的字里行间都留有她的洞见与智慧，每一个案例中都渗透着她的创造力。虽然后来她去读了心理学的研究生，但我仍然感谢她，我不知道以后没有她的帮助，我将如何写作下一本书。

感谢麻省总医院同事的支持，他们是世界上最棒的专家。感谢希拉·欧基夫（Sheila O'Keefe）和阿曼达·莫兰（Amanda Morin）博士，谢谢你们颇有见地的点评和支持，你们的才能诚然可贵，而我更珍惜我们的友谊。感谢达琳·马乔（Darlene Maggio），在几十年中，为了让我不偏离自己的轨道，你做了千千万万件事情，给了我方方面面的支持。

感谢我的家人，特别是我的孩子，汉娜（Hannah）和彼得（Peter），谢谢你们让我懂得为人父母意味着什么，在为人父母的这堂课上，你们是我的第一任老师，给我的生命带来了许多欢愉。对于作者来说，拥有一个做编辑的女儿是非常幸运的事情。而汉娜，你对我来说不仅仅是编辑，谢谢你的倾听、你的阅读、你无尽的耐心。感谢米格尔（Miguel），谢谢你的支持和爱，你总会在我最需要的时候端来一杯咖啡。谢谢佩塔尔（Petar），我们家的新成员，你已经展示了自己会是包容我女儿且与她恩爱的伴侣，我知道你经常问她"你妈妈的书写完了吗"，言辞中带些焦虑。

写作这本书最初的想法萌生于2019年，那是我在布拉格查理大学（Charles University in Prague）休假期间。我能获得这个机会，离不开迈克尔·格兹（Michal Goetz）和拉德克·普塔塞克（Radek Ptáček）博士的帮助。你们是最好的同事，更是最好的朋友，我在最需要的时候得到了你们的支持。我要用捷克语向你们表达我内心深处的感谢："Diky moc（非常感谢）！"

我也非常荣幸请到谢丽尔·桑德伯格为本书撰写了序。2013年我读到了《向前一步》（*Lean In: Women, Work, and the Will to Lead*），从此非常崇敬她。我相信没有哪位女性比她在事业上更优秀，你能从她身上看到一位有工作的母亲、一位商业领导、一位慷慨的慈善家是什么样子。她的成就令我崇敬，我非常感谢她支持我的工作，在我的书中留下了她的评价。

最后，我要感谢在这 25 年的工作期间有幸遇到的父母和孩子，是你们给了我写作这本书最真挚的鼓舞。谢谢你们的信任和关注，我从你们身上学到了太多，我非常荣幸，也非常感激。

埃伦·布拉滕（Ellen Braaten）

# 前　言

我创作这本书的想法萌生于2019年。当时，根据我自己的诊疗经历，我注意到一个现象：一些孩子缺乏动力，对孩子们通常感兴趣的东西漠不关心。他们中有许多处于青春期，或稍小一点，也有一些更小的小学生。我常听到他们的父母担心的话语："我的孩子好像对什么都没有兴趣。""我不知道怎样才能让我的孩子提起兴致。""除了打游戏，我的孩子好像什么都不愿意做。"

我认为，这个现象可能和我实践经历的关注点有所关联。几年前我和布赖恩·威洛比（Brian Willoughby）一起写过《聪明却拖拉的孩子》，这本书关注的是在处理和反馈信息时比别人慢的孩子。我也怀疑过我看到的样本或许有偏差，我在实践经验中遇到的大多数孩子都属于拖拉的孩子吗？我对自己说，或许这些丧失了动机的孩子就是拖拉的孩子。但是，我在临床经验中发现，这些孩子远不是一种类型就可以概括的。我之前认为或许存在偏差的样本只是冰山一角，当我开始研究这些我以前称为"懒散"的现象时，我发现这其中绝不止一种类型。这些孩子绝不仅仅是拖拉的孩子，也不仅仅是情绪抑郁的孩子，更不仅仅是焦虑的孩子、有学习障碍的孩子、沉迷电子游戏的孩子，等等。这其中涉及的问题横跨多个范畴，涉及学习障碍、情绪障碍和发展的诸多方面。而有些孩子并未确诊任何障碍，只是如父母所言，"我无法让他提起兴致"或者"她好像对什么都不关心"。

时光来到 2020 年，我们每个人都遭遇了严重的动机丧失。在随后的 2021 年，我们更加迷失，更加无助，许多孩子和成人也都更加颓唐，把"谁在乎呢？"挂在嘴边。这本书虽然讨论的是懒散、对什么都不关心的孩子，但其实适用对象远不止于此。许多孩子根本找不到理由去对事情产生兴趣。

很多父母正因此对孩子的未来忧心忡忡，我希望这本书能为这些失望无助的父母打气。也许您的孩子对什么都漠不关心，您可能觉得帮助他们回归正轨似乎难于登天，但是，您是孩子第一个也是最好的支持者，如果您知道该怎样做，将会对孩子大有助益。不过，这本书并不提供方法，因为我们很难为这些失去动机、对什么都漠不关心的孩子贴上一个具体的标签。"懒散"不像阅读障碍那样可以通过实践课程来改善，也不像焦虑症那样可以通过学习压力管理技巧来缓解，这种状态很复杂，可能由多种原因引起。不过，没有一劳永逸的技巧并不代表家长完全束手无策。首先，您要理解孩子，要搞清楚是什么导致了您的孩子丧失兴致。然后，您也要理解自己，弄清楚自己的期待，这可以帮助您设定目标，并找到实现目标的路径。您其实有很多可以做的事情，不过需要用心思考。

我将从一些积极的角度探索"孩子对什么都不关心"这一懒散的表现。首先，我会帮助您认清问题所在：为什么这么多孩子如此懒散，对什么都不关心？然后，我将指明动机的关键要素，并邀请您一起思考这些要素对孩子的发展和人生是如何重要，我希望由此您可以更好地理解孩子身上独特的素质，或许还可以理解您自己身上独特的素质。您也将认识到您的期待为什么反倒阻碍了孩子动机的培养，而您又该如何调整期待。在本书的最后几章我将讨论怎样设定目标并保持动机。在每一章的结尾我都会邀请您一起思考（"想一想"环节），还会提出一些可供讨论的问题（"谈一谈"环节），并列出一些建议，这些建议或许能对您有所帮助（"做一做"环节）。

若想更有效地利用本书，我建议您从头到尾地通读。或许您会迫不及待地想知道自己眼下可以做些什么，于是忍不住想先读关于设定目标的内容。这当然没问题，但请不要只读这一部分。虽然孩子主要的问题之一便是缺少目标，但上来就给他设置一个目标可能会适得其反。首先，您需要了解是什么导致孩子丧失了目标，以及是什么导致孩子（和您）的目标不切实际，这其中涉及的个人、家庭、社会原因是什么。本书的前两部分将带您认识这些关键的观念。

第一部分是"探寻原因"，这一部分将给出问题的框架，提供一些术语，这些术语是我们通常用来描述动机的。什么是动机？我们如何首先拥有动机？了解了动机之后，我们将谈论作用于动机的要素（或导致缺乏动机的要素）——孩子的能力、让他们感到快乐的事情、他们愿意花时间做的事情。我称之为"家庭教养 APP"，即天赋（aptitude）、乐趣（pleasure）和练习（practice）。我们将一一深入探索。

第二部分是从"社会期待"这一更广大的视点出发，谈论能力、乐趣和练习，并将这些概念和孩子的性格特点结合起来。在这一部分，您可以探索孩子独有的特点将如何影响动机，您可以评估您的期待是否或如何阻碍了动机的培养。同时我也会提到怎样备考大学、学校与孩子是否匹配等事项是如何阻碍一个良好目标的实现的。

第三部分将展望未来，讨论如何设置适合孩子的目标。大多数父母将获得幸福作为孩子的目标，但是获得幸福其实并非目标本身，而是伴随追求良好目标的过程而自然获得的结果，这一部分可以帮您理解这句话。您也会明白，目标不是旅程的终点而是起点，目标是我们向往之处的地图，而我们的旅程其实充满变数。第三部分将谈论这些话题。

读完这本书，您或许会发现更多疑问有待解答。实际上您也应该产生更多疑问。您可以继续深入了解孩子的特点和遇到的挑战，从而帮他们设置良好的目标，并在必要时做出更好的调整。您也可以关注作息安排、社交媒体应用、学习差异等内容（这些在本书中只是简单提及），这些也会有所助益。第四部分将提供您所需的更多建议。如果您的孩子不仅是对什么都不关心，还被其他种种所困扰，那么您可以参考第十一章中的相关信息。第十二章[①]则列出了一些我喜欢的图书和网络资源，里面谈到与动机相关的话题，都是我在本书中来不及展开的。

请不要一个人默默地担心，多和孩子的医生、老师及其他关心孩子的人聊一聊。总之，不要感到无助，至少不要陷入无助的情绪而无法自拔。虽然要改变一个懒散、对什么都不关心的孩子不是一蹴而就的事，但至少这本书可以让您理解孩子，理解他们为什么会有这样的感受和行为。我相信，理解是燃起希望的第一步。愿这本书帮您找到怀抱信心的理由。

---

① 编注：第十二章内容以电子资源的形式呈现，请关注"华夏特教"公众号获取相关内容。

# 目 录

## 第一部分 探寻原因

第一章 "我的孩子这么聪明，为什么却表现得对什么都不关心？"…………………………… 3

第二章 家庭教养 APP，让孩子获得动机
——天赋、乐趣、练习 …………………………… 29

第三章 天赋：孩子擅长做什么？ …………………… 46

第四章 乐趣：孩子热爱做什么？ …………………… 74

第五章 练习：孩子坚持做什么？ …………………… 98

## 第二部分 了解彼此

第六章 贵在认知，了解孩子的独特品质 …………… 129

第七章 走出误区，建立合理的期待 ………………… 144

第八章 因材施教，选取适宜的教养方式 …………… 164

## 第三部分　重燃热情

第九章　设定目标，共同实现 ……………………………………191
第十章　保持灵活，维系动机 ……………………………………215

## 第四部分　更多帮助

第十一章　问题的严重程度与解决方法 …………………………239

# 第一部分
# 探寻原因

第一章

## "我的孩子这么聪明,
## 为什么却表现得对什么都不关心?"

当我问布拉德利的父母有什么可以帮助到他们的时候,他的父亲唐对我说的第一句话便是:"请原谅我的表达。"

"我们之所以来这里,是因为布拉德利对什么都不关心。他在学校表现得不好。就不说学校,也不说他已经上九年级这些了,这个孩子的生活简直是一团糟。我不在乎他能不能考上哈佛,我只是不想让他30岁的时候还在我的屋子里打电子游戏。"

"可能是我的错,"布拉德利的母亲桑德拉接着说,"我把他宠坏了。如果我帮他,他就能做得好一点,特别是在学习方面。我不在他身边的话,他恐怕就跟不上了。"

"你帮他?"唐说道,"你替他写作业,而且还是在我们已经花钱请了家教之后。他那么多家教,教西班牙语的、教数学的,还有一位执行功能教练,总之我们为他做了一切。可能我们做得太多了。你说得对,他被宠坏了。这不是他的错,是你造成的。大夫,我们找过许多专家了,我也在尝试一切可以做的——家教、治疗。我还试过让他喜欢上打曲棍球和踢足球。但什么都没用。我的孩子到底怎么了？您能帮帮我们吗？"

25 年间，我遇到太多像布拉德利父母这样的家长，用布拉德利父亲的话说，他们的孩子对什么都不关心。家长们会怀疑，孩子是太懒、被宠坏了，或者害怕失败、没有动力，再或者是天生如此？有些家长会在孩子上学之后便开始担忧，他们跟我讲，他们的孩子好像对一切和学习相关的事情都显得毫无兴致。还有一些家长，特别是青春期孩子的家长，他们发现孩子在成长到青春期这个年龄阶段时才表现出缺乏热情——对友谊、家庭生活、课外活动等都不再有兴趣。随着孩子逐渐长大，一些起初很小的问题也变得严重起来——不愿意学新东西逐渐演变成不写作业，接着是成绩下滑，最后则是不愿意走出自己的房间。

和布拉德利境况相似的孩子听上去不少，但其背后的原因并不相同。有一位父亲在向我描述孩子的状态时用懒散（萎靡和懒惰）[①]来形容。这些状态的共性是，它们都涉及缺乏动机、丧失在这个年龄的孩子常有的兴趣、几乎什么都完成不了。这种表现听上去和抑郁症的表现有些相似，有些孩子确实会有抑郁的表现，但大多数时候孩子其实并不抑郁。另外，即便抑郁是其中一个原因，针对这种状态的改善策略也远比针对抑郁症的临床治疗复杂得多。

> 懒散、对什么都不关心的孩子看上去萎靡且懒惰。

---

① 译注：原文使用 malaizy 一词，该词由 malaise（萎靡）和 lazy（懒惰）两个词构成。

年龄较小的孩子往往程度较轻。他们在学校表现得不错，也会有一群固定的朋友，但他们有时候会觉得活着很无聊。他们写作业时可能不会很顺利，有时也会在参与运动的时候发牢骚。年龄大一些的孩子的表现更典型，他们的无聊感是一种真正的萎靡情绪。他们逃学，无法独立完成任何事情，不参加家庭活动，也不和朋友在一起，除非是在社交媒体上或者游戏中。他们甚至有可能喝酒。这种萎靡和懒惰，至少在最初阶段，看上去是一种动机问题；但随着孩子长大，它更像是严重的抑郁症或焦虑症表现。在种种极端表现之后，存在许多诱因。而无论什么原因，无论孩子多大，父母都很喜欢用这样两个词——动机和懒惰来解释。对于理解孩子对什么都不关心这一表现，这两个词非常关键。我们首先来看动机。

## 动机是什么

动机是我们去做一件事情的原因。比如，我们站起来去喝水，动机是我们感到口渴。不过，有时候我们虽然很渴，也不一定会有去找一杯水的动机，我们可以请其他人帮我们倒一杯水。我们往往认为动机是内在的，就像单一的特质，但动机其实要复杂得多，涉及很多层面。我们所能找到的支持会对动机产生或积极或消极的影响。如果没人帮我们倒水，我们就只能自己倒，于是动机会驱使我们自己动一动而不是让别人为我们做事情。而如果房间停水了，事情就会更复杂，我们可能会请工人来修，也可能会很沮丧，因为我们会觉得事情太过麻烦，所以完全丧失了动机。

通过简单的例子我们就可以知道，当我们谈论动机的时候，我们并不是在说一样东西，动机不单单是意愿或者意志。科学表明，动机的背后有很多因素：生理、情绪、思想，以及我们所处的社会环境。动机是我们去做一件事情的原因，就此而言没有两个人的动机是相同的，一个人的动机也会因时间和环境的变化而变化。

很多年来，心理学家一直在学习和研究关于动机的理论，但是，没有任何一种单一的理论可以全面解释动机的方方面面。如果您觉得孩子缺乏动机，那么请一定记住刚刚这句话。关于这个问题我们有必要从不同角度来思考。接下来我将列出一些被广为接受的理论。您可以逐一思考，看看它们是否适用于您的孩子。

> 没有任何一种单一的理论可以全面解释动机的复杂性。

**关于动机的理论**

**本能理论**（instinct theory）。本能理论的基本观点是，我们每个人生来即具有内在的生理趋势以便生存，这种生理趋势被称为"本能"。婴儿天生具备反射，比如，觅食反射会让婴儿吮吸，让他们在脸颊或嘴唇被触碰的时候寻找食物。候鸟飞往南方过冬。我们会在下雨时找地方避雨，寒冷时想办法取暖。通常认为，母性本能也是大多数女性在成为母亲后的内在生理性表现。本能理论认为，人类拥有共同的动机，因为人类生来具有相同的生理结构，所有动机的本质都是生存动机。

当然，这个理论存在一些问题。不是所有母亲都有母性。我们不是鸟。我们预设的动机离不开个人经验与情绪，诸如嫉妒和愿望。但是，生理因素确实可以解释一些情况。您可以想一想**生理因素如何影响了您孩子的行为，它与您孩子遇到的困难有怎样的关联**。本能理论可能无法解释这种行为背后的全部原因，但或许能够让您对一些基本原因有所思考。

**诱因理论**（incentive theory）。诱因理论认为，人们之所以被驱动去做事情，是因为外界诱因。比如，我们每天上班，是因为想要获得薪水。对于孩子而言，好好学习的诱因是想要取得好成绩，好好表现的诱因是想要获得表扬，做家务的诱因是想要得到报酬。我在第五章中会详细解释诱因如何决定孩子的动机。现在，您可以**先想想哪些诱因对您的孩子有效**。诱因并不是等效的，您觉得有诱惑力的奖励对孩子来说可能乏善可陈。

**动机内驱力理论**（drive theory of motivation）。有时候，我们的动机源自缓解内在紧张的需要，这便是动机内驱力理论的观点。比如，我们需要缓解内在的饥饿感，于是被驱动去做饭。而一个孩子被驱动去完成作业，是因为不完成作业老师会生气；孩子被驱动不完成作业，是因为他害怕作业做得不对，害怕他会看上去很"笨"，这种紧张和难堪要远甚于惹恼他的老师。那么，**您的孩子有没有做过什么来试图缓解紧张呢**？如果您的孩子不能独立完成作业，或是如果没有您的帮助他便无法靠自己的能力得到奖励，那么他就有可能被驱动不去做那些您认为他应该做的事情，而且被驱动要您帮他完成。

**动机唤醒理论**（arousal theory）。动机唤醒理论的出发点是维持当下的心理状态。这里的"唤醒"指人们希望既不要过于失控或过度紧张，也不要太过无聊而昏昏欲睡，人们最习惯于处在中间状态。这一理论认为人们会采取行动去提高或降低唤醒的程度，以便能够达到中间状态。当我们感到无聊时，我们会看一会儿电视，而当唤醒程度过高时，我们会洗个澡或者冷静一会儿。孩子们觉得压力太大的时候，往往会靠打游戏或沉迷社交网络来"摆脱"压力，而他们在感到无聊或没有目标的时候，常会被一些危险的行为所吸引。那么，**您的孩子在无聊或压力过大的时候会做些什么呢？**这些行为可能就是潜在的动机，或者动机的破坏者。

还有一些其他的理论。20世纪40年代，亚伯拉罕·马斯洛（Abraham Maslow）提出，人们在满足心理需求之前，要先满足一些基本需求（见图1的"马斯洛需求层次理论图"）。金字塔第一层是食物和水等生理需求。第二层是安全需求。第三层是归属和爱的需求，比如友谊和亲密关系。第四层是尊重的需求，比如获得尊严和成就感。最高一层，第五层是自我实现的需求，即充分实现个人潜能。根据这个理论，人们若要拥有更高层次的动机，首先应满足低层次的需求。这一点很重要，我们往往期待孩子拥有自我实现的动机，但他们可能还没有获得安全感或成就感。马斯洛的理论可以应用于每个人一生的发展过程中，而金字塔需求结构也可以应用于基本的日常事务中，比如，孩子无法集中精力完成作业有可能是因为他饿了或者累了。那么，**您的孩子在金字塔需求结构的哪一层呢？他有哪些需求没有得到满足从而影响到了动机？日常生活中他的哪些需求是难以满足的，如充足的睡眠或者朋友的支持？**事实上，自我实现是一辈子的事，这些分类并不是一成不变的，比如，如果您的孩子因交不到好朋友而很难上升到"自我实现"一层，那么他就会以尊严和成就感为动机。

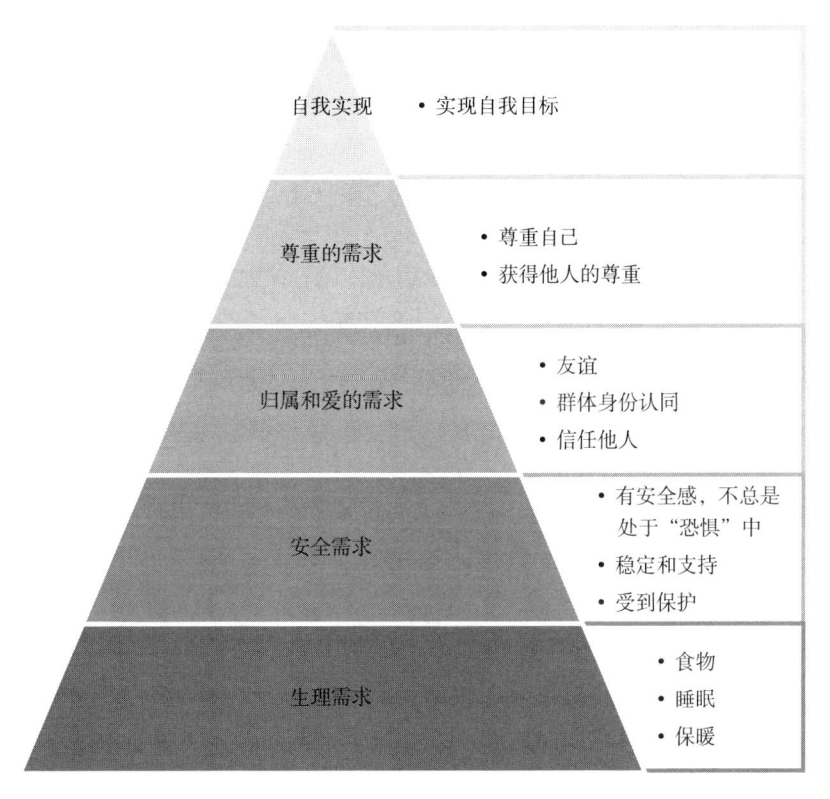

```
                    自我实现      • 实现自我目标

                  尊重的需求       • 尊重自己
                                • 获得他人的尊重

              归属和爱的需求       • 友谊
                                • 群体身份认同
                                • 信任他人

            安全需求              • 有安全感,不总是
                                  处于"恐惧"中
                                • 稳定和支持
                                • 受到保护

        生理需求                  • 食物
                                • 睡眠
                                • 保暖
```

图1　马斯洛需求层次理论图

马斯洛金字塔需求结构如何应用在孩子身上?

- **生理需求**。孩子首先需要良好的睡眠和食物,不能受冻,否则免谈其他。即便是有着很强驱动力的孩子,如果前一晚没有睡好,在面对一项艰难的任务时也很难会有动机。
- **安全需求**。生理需求之后便是免于恐惧,不会有不安全感。比如,孩子如果总是担心会受罚,便很难建立内在动机,甚至什么动机也没有。

- **归属和爱的需求。**和成人一样，孩子如果没有要好的朋友或者缺少归属感，便会缺乏稳固的支持，也难以产生身份认同，这样的孩子很难找到动机。
- **尊重的需求。**孩子需要知道自己的优势，也需要被他人尊重，这样才能建立强大的自我概念，否则很难拥有动机。

说到需求没有被满足，您可能会想，自己的孩子会不会是因压力太大而缺乏动机。您可以读一读 11～14 页方框中的补充阅读内容。

**期望理论**（expectancy theory）。期望理论关乎未来，也就是，我们之所以要做一件事情，是因为我们期望自己通过努力可以有更好的表现，从而获得更佳的收获。这取决于我们怎样看待未来，怎样形成不同的预期。**我可以掌控未来吗？我在意未来将会发生的事情吗？**如果答案是肯定的，那么您就会拥有更大的动机。**我是否有能力实现我期待的结果？**如果答案是否定的，那么您便不会期待成功，也就不会拥有去尝试的动机。

关于期望理论最好的例子是大学入学考试。这个话题非常重要，我会在第八章深入讨论。孩子对于上大学的期望往往在还没开始读高中的时候就有了，但考大学不一定是切合实际的动机，也不是最好的动机。对于那些在学业上有困难的孩子，他们不愿意上学，这甚至会成为他们拥有动机的阻力——未来会发生令他们害怕的事情。设想一下，您清楚地知道自己考不上大学，但人人都对您抱有期待，或者您想从事的工作根本不需要大学文凭，那么这种期望就不会给您带来动机。您如果是个高中生，或许就会表现出不愿意，可能是逃课，也可能是不交作业。

雅艾尔就是这样一个孩子。12岁时，她便梦想成为一名妆发造型师。

"当然没有问题，"她的父母对她说，"但你要先读完大学。人人都需要一个大学文凭。"

雅艾尔不这么想，她也没有错。她不喜欢上学，她喜欢追求时尚。她不读小说，而是花很多时间读 *Vogue* 和 *Glamour* 等时尚杂志，研究时尚潮流。每周六上午，她会去一家发廊工作，她在那里又用心又努力。随着大学入学考试临近，她开始逃课，不写作业。她已经用语言和行动向她的父母明确地表达了她想要什么，但是她的父母毫不理会，他们的目标和她的完全不同。于是，这个想要在自己选择的事业上做出一番成就的孩子，转而有了另一种动机：向父母表明她不愿意读大学——以一种最难的方式，做一个可能毕不了业的毫无动力的高中生。

"我怎么才能激励一下孩子？怎么才能让他有所关注？"总有父母这样问我，就好像我有一系列方法和步骤可以解决这个问题似的。这个问题很复杂，消极地说，没有一个简单的方案可以解决，而积极地说，则有无限的办法可以进行干预、影响。不过，在干预之前，我们应该先搞清楚问题究竟出在了哪里。

### 只是因为压力太大吗？

压力是造成孩子放弃或者迷失的原因之一。有些孩子小时候非常优秀，二年级时获得过拼写比赛的第一名，中学时担任过科学小组的组长，但到了十年级，他们感觉疲惫不堪。有一些孩子开始抽烟、喝酒，还有些孩子不再好好表现。要解决这个问题，我们要看看他们发生了什么，我们可以做点什么事情来帮助他们改变。每一章结尾的"想一想""谈一谈""做一做"可以帮助您思考问题。诊疗的效果也很好，可以减缓压力。

事实上，减缓压力可以让**所有的**孩子保持在正轨上，哪怕是没有取得很大成就的孩子。压力产生的最主要原因是一个人丧失了对生活的掌控力。导致这种感觉出现的未必是大事，可能只是孩子意识到作业来不及写完就要上交；但也可能很复杂，比如孩子有无法治愈的学习障碍，以致对学校里方方面面的事情都无法掌控。种族歧视、贫困、医疗问题和学习差异都会导致孩子产生长期的压力，而忽然降临的灾难则会阻碍孩子的发展，造成调节方面的问题。

这本书的写作正值 COVID-19 流行期间，我们要认识这段经历是如何影响孩子和家庭的，可能还需要一段时间。曾有针对经历过 9·11、海啸等灾难的孩子的研究表明，孩子如何面对灾难之后的问题，取决于灾难性质、严重程度、孩子所得到的支持等因素。父母在灾后的遭遇对于孩子的反应影响很大。至于 COVID-19 流行，这场灾难人人都经历了，有些人更艰难。即便是比较幸运的人——其家人没有遭受很严重的感染甚至离世，他们也需要时间来让生活回归正常。您如果在 COVID-19 流行期间经历了比较大的痛苦，就可能会需要更多时间来找回恢复正常生活的感觉——而所谓的"正常生活"有可能会把您带向未知的前方。给自己，也给您的孩子一些时间去疗愈吧。此外，您还可以做些什么呢？

- 灾难中，孩子可能会问三个问题：我会平安吗？我爱的人会平安吗？我以后的生活会变成什么样子？或许您也不知道答案，但您可以告诉孩子"我们正在全力确保我们的安全"或者"我们打算这样来度过灾难"。
- 除了记住这些问题的答案，您还需要反复告诉孩子，他们是安全的、平安的（必要时应多次反复确认）。
- 要允许孩子谈论他们的压力和所经历的事情，要耐心地听他们讲话，不要妄下判断。
- 通常情况下，不要再让孩子承受更多的压力。如果您的身边出现了令人担忧的事情，请尽量不要当着他们的面讨论不适合他们这个年龄知道的内容。您要回答他们的问题，但如果糟糕的事情连续发生，请不要让他们老是听到坏消息。
- 要帮助孩子理解已经发生的事。如果这件事情令人痛苦，请一定不能让他们认为是他们造成了这种痛苦。比如，孩子可能会觉得是自己让妈妈得了癌症，因为她在上幼儿园的时候对妈妈说过"我恨你"；或者会觉得奶奶之所以感染 COVID-19 而去世，是因为他没有好好洗手。还有些孩子可能会相信那些其实没有发生的事情。要慢慢帮助他们切实地理解生命中那些重大而充满压力的事件。
- 如果孩子的压力并非来自痛苦的经历，而是长期形成的，比如来自作业、社交和过度劳累的父母等，请同样遵循上面的建议。即便是很聪明的高中生也会有不切实际的想法，比如，考试考了 B+ 就上不了耶鲁，得不到网球冠军就上不了大学。您可以跟他们讲讲现实，大学录取并不取决于一次考试的成绩或者一项成就。您还可以告诉他们，大学录取结果很大程度上是自己无法掌控的。根据我的经验，那些有动力上大学、明白许多流程是超过自己可控范围的孩子更容易对最终就读的大学感到满意，特别是那些在高中时期就学会以享受过程而不是关注结果的方式来管理压力的孩子。

## 动机的组成

在所有的动机理论中，动机都有至少三个组成要素。

- **行为的方向**（initiation），即我们决定从哪项活动或哪种行为开始。确定方向是开启一项任务的能力。孩子如果在这方面的能力较为薄弱，则通常表现为不愿意做任何事情，或者对任何事情都不感兴趣。他们虽然想要成功，却不知道如何开始。如果您的孩子在确定方向上有障碍，您会发现他在开始写作业或做家务的时候就会有困难，需要很多次提醒（您或许会认为这有些喋喋不休）才能开始。

- **努力的水平**（persistence），即我们为达成目标所投入的精力，哪怕过程中遇到障碍。愈挫愈勇是一种能力。如果孩子拥有动机,他就能长时间关注一项任务,直至完成。要想提升努力的水平,孩子需要具备自我监控的能力,要能认识到自己处于整个过程中的哪个环节,要全神贯注,不能三心二意。

- **坚持的水平**(intensity),即我们追求目标时的专注力和耐力。对于学生而言,他还要能评估自己在一项任务中的表现,这样才能判断完成这项任务还需要做多少努力(坚持)。

所有这些要素都需要**执行功能能力**(exccutive function skills)。执行功能可以帮助我们做出计划并实现目标,这种能力包括灵活思考、自我控制、全神贯注、克制冲动、牢记自己应该做什么、应该什么时候去做,以及时间管理和保持秩序。有些孩子的执行功能能力较低,难以被驱动,因此往往也会缺乏动机。

我们在评价孩子的行为时,上述这些方面都要考虑到,这一点很重要。**孩子在开始的时候有没有遇到困难(行为的方向)?能够为此坚持付出吗(努力的水平)?是不是无法专注或者缺少热情(坚持的水平)?** 显然,这三个问题孩子可能都有,不过有时其中某个问题给孩子带来的困扰更大,如果是这样,您可以试试这么对孩子说:"我觉得一开始你很喜欢老师布置的作业——以过去发生的事件为主题做一本漫画书,我知道你选了去年的超级碗(Super Bowl)①作为主题,你很喜欢这个。那么,你在做作业的时候

> 您认为孩子最大的问题在于哪个要素呢?是开始做,坚持做,还是专注并且时刻把握工作进度?

---

① 编注:超级碗(Super Bowl)是美国国家美式足球联盟(也称国家橄榄球联盟)的年度冠军赛,收视率多年来都是全美最高,已经逐渐成为一个非官方的全国性节日。

是遇到什么问题了吗？你需要什么帮助吗？我可以帮你吗？"

此外，您还可以试着了解一下孩子的执行功能能力，弄明白这种能力对动机产生了哪些影响，这非常有用。本书有很多关于这方面的资料（详见电子资源）。您如果对此非常关心，也可以评估一下您孩子的执行功能（详见第十一章）。

## 缺乏动机的孩子有哪些表现？
## 有人称这些表现为"懒惰"

我们很容易就能看出雅艾尔缺乏动机，她的状况也相对比较容易调节，只要父母接受并尊重她的能力和人生目标就可以。但是，更多孩子的问题往往没那么简单。还记得布拉德利吗？他缺乏动机的根源和对什么都不关心的倾向始于童年早期。在他还没有上学的时候，他就已经无法对事情保持关注了，老师说他有点懒散。事实上老师总怀疑他前一晚没有睡好。二年级时，他被确诊注意缺陷多动障碍（attention–deficit/hyperactivity disorder, ADHD）他的症状不明显且病程发展缓慢。他无法集中精力，做事情也比同龄孩子慢一些，所以上学对他来说成了困难。虽然他在学校也得到了支持服务，但还远远不够。表1列出了孩子在不同年龄阶段缺乏动机的表现。表中所有症状，都在布拉德利生命的不同阶段有所表现。高中第一年，由于长期被人评价为懒惰，他的自尊受到了伤害，他感到挫败而丧气。他表现出**习得性无助**（learning helplessness）。习得性无助指的是，人在经历许多相似的负面遭遇后，即便仍有能力独自完成任务，却往往回避任务，或者依赖他人。布拉德利两种表现兼有，他拒绝接触任何可能涉及艰巨工作的任务，并依赖他的妈妈完成作业或者复习准备考试，哪怕他有能力自己完成。他缺乏努力，也缺乏韧性。

表1　孩子缺乏动机的表现

| 5～8岁 | 9～13岁 | 14～18岁 | 刚刚成年 |
|---|---|---|---|
| • 无法独立做事情<br>• 会说"我很笨""读书很蠢"之类的话<br>• 如果事情不按预期发展，他们费尽力气也要让事情恢复<br>• 经常发脾气<br>• 不能组织很简单的任务，不能持续跟进<br>• 过了需要父母陪同的年龄却仍然要求父母陪同<br>• 拒绝完成学校作业 | • 总是抱怨无聊，不能让自己开心<br>• 对于一门学科或者一项活动，一开始就说"我不擅长""我做不了"之类的话<br>• 会说"即便我尝试也无济于事"之类的话<br>• 无法决定要做什么，因为觉得所有事情都没意思<br>• 对于批评过分敏感<br>• 抱怨老师"偏心"或者"愚蠢"<br>• 不完成家庭作业 | • 无法建立长期目标并持续跟进<br>• 不知道自己对哪些活动感兴趣<br>• 缺乏有意义的学业目标和职业目标，对上大学不感兴趣，或者只是说说"我想读大学"，但并不会付诸行动<br>• 和其他看上去缺乏动力的孩子一起待很长时间<br>• 拒绝参与有竞争性质的场合，即便是像运动这样曾经充满乐趣的活动<br>• 会饮酒来使自己"放松"<br>• 沉迷电子游戏<br>• 经常上课迟到 | • 在大学校园里或在工作中遇到问题时从不想办法独立解决，而是立刻就要找人帮忙<br>• 对别人隐瞒自己不理想的成绩或其他自认为的"失败"<br>• 经常说谎<br>• 难以建立并保持与他人的关系<br>• 上课或上班经常迟到 |

续表

| 所有年龄段 |
| --- |
| • 把作业或者项目拖到最后一刻再完成 |
| • 把所有成功都归功于运气而非自己的技巧和能力 |
| • 失败一次后便会放弃 |
| • 回避高难度的学业任务 |
| • 拒绝尝试新活动 |
| • 事情太难的时候不寻求帮助 |
| • 不先独自尝试就找别人帮忙 |
| • 即使做一项任务有助于实现目标,但只要自己不喜欢,便依然不会尝试 |
| • 很快就会放弃新想法 |
| • 会感到焦虑和沮丧 |
| • 抱有"我不关心""无所谓"的心态 |
| • 从众而非发展自己的兴趣 |
| • 不会像同龄人那样照顾自己,如加件外套或带午餐上学 |

> **注意缺陷多动障碍（ADHD）**的症状是**注意缺陷**（inattention）、**冲动**（impulsivity）、**多动**（hyperactivity）。ADHD 通常有三种类型：**以冲动/多动为主型**、**以注意缺陷为主型**，以及**冲动/多动和注意缺陷**两者混合型。最常见的是混合型 ADHD。
>
> **处理速度**（processing speed）指人们接收信息、理解信息并做出反馈的速度。换言之,一个人做完一件事情所需的时间,比如确定早餐吃什么,或者写论文。
>
> **习得性无助**（learned helplessness）指人们在经历过多负面遭遇后,开始拒绝尝试以克服这种负面体验,也就是选择直接放弃。对孩子来说,一个很典型的表现是虽然他们有能力独自完成某件事,但总是依赖别人。

> **韧性**（resilience）指人们从难度较高或压力较大的事件中恢复甚至成长的能力。关于这点我们在第十章会有更多论述，讨论成长型思维模式的发展。在电子资源中我们也会列出一些与此相关的书目。

虽然布拉德利的父母很想从我这里得到解决方案，但我没有直接告诉他们。我首先问了一些问题，这些问题能让我们都清晰地知道自己在谈论什么。面对布拉德利这样的孩子，我们似乎已经无计可施，似乎做什么都是错的。我们之所以会有这种感受，是因为他的问题并没有得到有效的定义。一旦我们把他的问题归结为"他很懒惰"或者"他看上去对什么都不关心"，我们自然会感到焦虑，因为没有哪种解决方法是针对懒惰和对什么都不关心的。但是，如果挖掘出这些问题背后的深层原因，我们还是有解决方法的。所以我们要首先弄清楚这些问题的定义及其引发因素。在后面章节我们会详细讨论这些因素，比如技能缺乏、家庭原因、父母期望等，这里我们先来想想以下问题。您可以找一个本子写下您的答案。

**我的孩子对什么都不关心。那么他不关心的东西究竟是什么？**

我们要明确孩子不关心的东西是什么。您可能会觉得孩子对"一切"都不关注，这或许没错，但若要梳理清楚，您就一定要把所有的东西都写下来，比如学校、朋友、妹妹、和家人一起吃饭的时间。

但是，不要写得太宽泛，比如"学校"，要写得具体一些，比如阅读长篇小说、学习数学、上伯罗女士的西班牙语课等，总之要明确。

**我怎么知道孩子对什么都不关心呢?**

什么样的行为意味着孩子对什么都不关心呢?发脾气,不出房间,不写数学作业,不愿意和朋友一起玩耍。请把这些都写下来,标记其中最让您苦恼的,以及最困扰孩子的。两者不一定一样。

**我对孩子的期待合理吗?**

请阅读表2。虽然此表只是对各年龄段孩子缺乏动机的表现做了宽泛的举例,而且例子不多,但您可以从这些入手来思考这个问题。在孩子成长过程中的重要节点上,您都抱有怎样的期待?有没有期待过高?或者,是不是期待太低了,甚至没有期待?

**孩子在家或者学校里发生过什么变化导致了这些行为的出现?**

比如转到新的学校、父母生病、弟弟或妹妹出生,以及其他所有会影响到孩子动机的变化。一般来说,变化不会成为问题的全部,但您仍然要把变化标出来,想一想它会不会是问题的一部分。

**社会因素是原因之一吗?**

被恐吓、失去好朋友、在一个非常"平庸"的班级、没有同龄人的支持,这些都是动机的"隐形杀手"。而之所以称为"隐形",是因为孩子在社会环境中经历的这些,父母往往是最后才知道的。如果您已经知道一点儿了,就需要和孩子或老师确认一下。涉及同龄人关系的事情孩子不一定愿意讲,您可以读一读22页的补充内容《怎样和孩子谈论他们的友谊?》,并就其中的一些开放性问题和孩子聊一聊。

表2 对各年龄段孩子的合理期待

| 年龄 | 友谊 | 学业表现 | 家庭/自我照顾 | 独立行为 |
| --- | --- | --- | --- | --- |
| 5~7岁 | • 得和朋友轮流交替做事情<br>• 在没有父母的陪伴下和朋友出去玩 | • 记下关键的日期（户外教学、盛装日等） | • 承担简单的家务（如把杯子放在桌子上、把玩具拿开、喂狗）<br>• 脱鞋 | • 独自睡觉 |
| 8~10岁 | • 在朋友来访时主导一些活动<br>• 在没有父母的陪同下出去玩耍并在外过夜 | • 开始展露出时间管理能力（比如意识到事情的截止期限并按时完成，尽早开始做事情） | • 整理上学的书包<br>• 根据天气选择合适的衣服<br>• 承担需要多个步骤且无人监督的家务（如带走可回收垃圾、摆放餐具） | • 独自步行上学或去朋友家<br>• 用微波炉加热食物，给自己找点心吃 |
| 11~13岁 | • 安排和朋友相处的时间<br>• 处理简单的人际关系 | • 完成需要多步骤的学业项目<br>• 跟进小测试与考试 | • 自己带饭上学<br>• 收拾房间 | • 独自在家<br>• 独自做"不常见的任务"，如整理草坪、照顾弟弟妹妹 |
| 14~18岁 | • 和朋友制订复杂的计划 | • 提前复习准备小测试与考试 | • 保持房间整洁（虽然不是很容易） | • 工作挣钱 |
| 刚刚成年 | • 处理复杂的人际关系 | • 完成多种职责的要求 | • 清理宿舍/公寓，<br>• 自己洗衣服 | • 独立生活，只从家里获取必要的支持，如大学学费 |

孩子是不是缺乏一些能力？

如果您的孩子做过学习或注意力方面的评估，那您或许已经知道学校生活对他来说之所以困难，可能是因为他在学业的具体领域出现了问题。如果您的孩子在阅读上有障碍，那么当其他的同年级孩子都能达到应有的阅读水平或者更高的时候，您的孩子就很难有继续待在教室里的动机。您如果不知道孩子是不是存在能力上的不足，那么可以做一个测试来确定他是否因为存在某个具体问题才导致对什么都不关心。更多信息详见第十一章。

能不能发现情绪方面的问题？

焦虑、抑郁等情绪障碍可能也是原因。我会在本书的其他章节详细讨论这个问题。现在，您需要知道的是，要想改变孩子对什么都不关心的倾向，不能仅仅依靠更加努力或者找到合适的动机。从概念上来说，焦虑和抑郁确实会导致孩子缺乏活力和动机。一定要想想您的孩子有没有这些问题，因为这关乎如何解决。关于这方面有一个好消息：针对焦虑症、抑郁症等心理障碍的药物和其他治疗方法都非常有效。

### 怎样和孩子谈论他们的友谊？

孩子和朋友一起做了什么，父母往往很难知道，这很正常。在家庭之外，孩子也需要拥有自己的社交生活。但是，如果孩子遇到困难，还是要靠父母帮助，所以作为父母，不能对孩子的社交生活一无所知。有时候，最简单的方法是问问其他孩子，因为相比聊和自己相关的话题，孩子们往往更喜欢聊他们的朋友。您可以通过其他孩子来了解孩子们之间发生了什么。不过，要注意以下几件事情。

- 孩子常常不喜欢父母提出太直接的问题，特别是涉及敏感话题的。因此，相比直接问"你有没有遭遇霸凌"，您不如换个委婉的说法："我最近总是听说很多关于霸凌的事情。你们学校有这样的事吗？"或者"如果你被霸凌，你会怎么办？"这样一来，您就可以在聊天中了解更多孩子私人的信息。
- 准备好去倾听。这可能不太容易，特别是在您觉得您可以帮孩子解决问题的时候。少说话，注意听。
- 需要说话的时候，您可以问一些开放性的问题，比如"她那样说的时候你什么感受？""你觉得苏西遇到那样的事情时应该怎么做？""你觉得这之后会发生什么？""你希望能发生什么？"
- 做孩子很难，您要让孩子知道您理解他，您可以对孩子说："我无法相信汤姆跟你说这样的话，你一定很难受。""我无法相信那件事情发生之后的一周里你还可以坐公交车，你真勇敢！""发生这样的事我非常难过。"
- 问一问您能帮上什么忙，不要直接就去解决问题。您可以这样问："你需要我做些什么吗？"或者"需不需要我帮你一起找到解决办法？"这些都是提供帮助的好方式。

> ☐ 看电视和电影的时候，您如果看到与孩子相关的话题，比如友谊、霸凌、压力等，可以设想一些场景和孩子聊一聊。这是一个机会，您可以谈些沉重的话题。您也有机会借此站在同情的角度分享自己的经验："电影很好，但是主人公在学校的压力太大了。我在她这个年龄的时候要轻松很多。你和你的朋友也是这样吗？"或者"我想起我六年级的时候，也和电影里一样，我的朋友康妮新交了一个好朋友，她们对我很刻薄。一连好几个礼拜我晚上睡觉前都会哭。"

## 再来看看布拉德利的故事

还记得本章开头提到的布拉德利吗？我想，在我和他的父母首次会面之后，他的父母应该感到既宽慰又沮丧，感到宽慰是因为我懂得他们的担心，沮丧则是因为我没有给出明确的解决方案。读完这一章，您或许也会这么想。针对类似布拉德利身上的这种行为，没有方法或药物可以有效解决，这当然令人非常沮丧。但是，我想，像布拉德利这样的孩子越来越多的原因之一是，我们所处的环境期待我们能够为每一个问题拿出一套解决方案。如果这个方案不管用，家人便会感到挫败，不再信任学校和专家。有的家长像购物时一样货比三家地选择治疗方案，有的会归咎于老师。我不能责怪他们。我们这些心理健康专家、教育者、医生已经告诉他们，可以通过一系列的策略和切实的诊疗来解决问题。针对这类孩子的药物和心理治疗方法已经卓有成效。不过，即便如此，这些治疗方法依然有局限。而且，孩子也在变化，孩子二年级时适用的治疗方法，到了孩子六年级时不一定还能适合。

布拉德利二年级时被确诊 ADHD，当时他的父母和老师认为可以通过药物进行治疗。药物治疗和实施个别化教育计划①当然有一定效果，但随着布拉德利逐渐长大，他的问题更加严重，同时更加内隐，难以觉察。布拉德利上中学时，在快速发育期之后，药物便不再有效了，他也不愿再服药。他的家人并没有尝试新的药方，也没有讨论他为什么不愿再服药，而是直接放弃了药物治疗。布拉德利小学时受益于个别化教育计划，在他七年级时开始变成了504计划②，因为他"表现很好，在自主学习方面需要更加主动一些"。整整两年之后，也就是他12岁的时候，"他并没有更自主"这一点才显现出来，他仍然需要帮助。布拉德利在学校表现不好，这种压力会影响到父母的关系，而父母之间的争吵又会让布拉德利感到有压力和焦虑。于是事情陷入了恶性循环。

我第一次在办公室见到布拉德利的父母时，向他们指出了这件事情有很多原因。这些原因不仅仅是（用布拉德利父亲的话说）"我的孩子对什么都不关心"，而是（还是用布拉德利父亲的话说）：

"大夫，您说不能用'懒惰'概括他的情况，但我仍然觉得他

---

① 译注：个别化教育计划（Individualized Education Program, IEP），即根据接受特殊教育的孩子的具体情况，制订适应其发展需要的特殊教育方案。
② 译注：504计划（Section 504 plan）同样针对在学习上有困难或有特殊需求的学生，但它所涵盖的学生范围比较广，相比IEP，504计划没有某种特定的诊断程序。

有点懒，虽然我知道您的意思。他这样有很多原因，我们可能得花些时间去了解，其中一部分是他自身的缘故（这是我觉得他懒的地方），一部分是我们的缘故（我觉得这是因为我的妻子），还有一部分在于学校。我们必须得好好想想每一样事，才能解决这个问题。或许我们会再用药物。总之，我们之后该做什么呢？"

对这个问题我可以有很多种回答。我可以先指出布拉德利的父亲太急于指责别人了，在这个时间指责别人并不合适。我也可以先让他们回家，告诉他们应该立即去做的事，比如去学校或其他机构做神经心理学测试，去做心理咨询，和学校老师一起开会讨论给予布拉德利更多帮助。然而，虽然我告诉他们可以同时去做所有这些事情，但我也告诉他们，我希望自己先见见布拉德利。在第一次会面中，有一个东西是缺失的，那就是布拉德利的想法。究竟是什么样的性格和心理因素让他看上去对什么都不关心呢？可能是诸如天赋、乐趣、气质等个人特质和他自己身上存在的障碍，这些因素我会在之后几章里详细展开。

### 想一想　谈一谈　做一做

我在前言中说过，我会在每一章结尾处设一个版块，请您想一想、谈一谈、做一做。这里提出的并不是具体的建议清单，而是一种方法，帮助您将本章讨论的话题付诸实践，让这些话题更切合您的个人经历。

#### 💡 想一想

- 您为什么要读这本书？您想了解孩子的哪些方面？

哪些问题是您不想知道或不愿去想的?

- 如果孩子的行为可能是生理性的或基因导致的,您会感到恐惧吗?您的家族有没有焦虑症、抑郁症或其他心理疾病的病史,这些会让您面对这些问题时更加恐慌吗?这些信息如何帮您更加深入地理解您的孩子?

- 孩子缺乏动机会不会是最近生活中发生的某些变化引起的?如果是,那么是哪些变化呢?如果您可以采取某些行动让这些变化变得更简单些,请在后面的"做一做"环节把这些行动写下来。

- 您的孩子处在马斯洛需求层次的哪一层?您和其他家人呢?您的家人和孩子有没有哪些需求本可以得到满足而实际上却没得到满足?有的话,请在"做一做"环节列出来。

- 您的孩子可以顺利着手做一件事情吗(行为的方向)?可以为此付出努力吗(努力的水平)?有没有表现出缺乏注意力和激情(坚持的水平)?如果其中一到两项出现问题,那么您可以从这些地方入手干预。如果三项都有问题,也没关系,无非只是您在思考下一步举措的时候需要同时考虑到这三个因素而已。

💬 谈一谈

- 请孩子想一想对她来说行之有效的动机。开启对话时,您的表达要尽量明确,比如"我想知道怎么才能尽可能帮助你。告诉我有没有什么活动或者奖励可以鼓励你按时完成作业？"
- 问问孩子："什么事情会让你觉得沮丧？"
- 和孩子聊聊他的朋友们或其他认识的孩子。第一句话可以这样说："我发现你经常和戴斯蒙德一起待到很晚。你觉得他怎么样？"不要妄下判断，也不要对某个孩子形成刻板印象。要保持一种愿意知道更多的心态。不要说"我不喜欢戴斯蒙德的文身，16岁根本不是做文身的年龄"，您可以说："我发现戴斯蒙德有文身，你觉得文身怎么样？"

### 做一做

- 有哪些具体的事物是孩子毫不关心的？请列出来。
- 从哪些行为中可以看出孩子对什么都不关心？请列出来。
- 对比上面列出的两个清单。标出最让您忧虑的一项和对孩子来说最严重的一项，它们是同一项吗？如果不一样，请您首先同时关注这两项。
- 您如果担心孩子缺乏取得成功的能力，可以和孩子的老师聊一聊。此外，您还可以给孩子做个测试，确认一下孩子缺乏动机是不是由学习障碍、注意力或情绪问题导致的。虽然结果可能让您更加担忧，但获得结果将是解决问题的第一步。

第二章

# 家庭教养 APP，让孩子获得动机
## ——天赋、乐趣、练习

从婴儿期开始，孩子便拥有认识世界的动机。在孩子还是婴幼儿时，父母会发现鼓励孩子的自然动机一点也不难。我们会鼓励孩子学步，会鼓励孩子爬上滑梯再滑下来。孩子大一点之后，我们鼓励他建立动机会稍显困难。孩子不会总愿意做我们想让他去做的事情。语言上的鼓励不一定会促使他尝试新事物。在这一章里，我会试着深入浅出地谈一谈动机，我将讨论对动机产生强烈影响的三个因素——孩子生来具有的天赋、他们在做事情时感受到的乐趣，以及他们有没有通过练习来提升技能。在之后几章我会逐一讨论**天赋、乐趣、练习**这三个概念。现在，我想先举几个例子来说明在我认识的孩子们的身上，这三个因素起着怎样重要的作用。让我们先来看看布拉德利。

小时候的布拉德利和第一章里描述的那个缺乏动机的高中生不一样，他曾经是一个招人喜欢的孩子，父母非常疼爱他。幼儿园时期，他过得很快乐，小学时期，他对棒球统计数据的了解让所有大人吃惊。在父母眼中，他是最可爱的孩子。7岁时，他早晨不会自己穿衣服，无法独立完成作业，到了晚饭时间也不愿意关掉游戏，虽然如此，但从没有人觉得他缺少动机。他的父母或许已经感觉到某种情况正在发生，不过当我问他们布拉德利从何时或何事开始对什么都不关心时，他们也说不上来具体的日子或者事件。

他的父亲说："就是那么发生了。"

他的母亲说："对。而且慢慢地愈演愈烈。他在学校遇到了困难，但我们当时总能把事情归咎于其他方面。二年级时，他被确诊ADHD，当时有一位很好的老师，她帮助了很多他这样的孩子，但是那年十二月那位老师休产假了，后来再也没有复工。之后一年，布拉德利换了其他老师，导致他三年级时开始跟不上。到了四年级，我们开始尝试药物治疗，我们花了很长时间才找到有效的办法。但是，他上中学之后，突然有一天……然后……我不知道。他就再也不是之前的那个孩子了。"

"他小时候和我们一起在后院玩抓人游戏，那情景仿佛就是昨天发生的一样，"他的父亲接着说，"他当时那么开心。可是现在，他好像厌恶一切。"

> 如果您觉得孩子好像什么都不喜欢，会不会是因为他只是对您所期待的东西不喜欢？

不过，我见到布拉德利之后，惊喜地发现，他并没有厌恶一切。他喜欢自己的朋友，喜欢电子游戏。他也喜欢他的生物老师，虽然他有一半时间都会上课迟到，而且几乎从来不写作业。他还喜欢在放学之后和周末的时候去全食超市打工。他也喜欢他的父母和哥哥姐姐。

我问布拉德利，他觉得自己为什么会来到我的办公室，他这样回答:"我爸妈觉得我很懒,他们讨厌我这样,但我觉得还好。我不在乎功课能不能得 A。我为什么要学几何呢?我对上大学没有兴趣。我更希望爸妈可以给我点钱,让我用一年的时间去旅行,在过程中找到我想做的事。这样他们的钱才花得值。我不想成为他们希望我成为的人。他们想让我像我哥哥姐姐那样,但我不是我哥哥,也不是我姐姐。"

布拉德利的描述并不是充满洞见的,里面有许多他渴望获得的权利,但是他的描述给了我一个切入点。其中一些信息对于他的父母来说很好理解,但也有一些会有些困难。不过所有的信息都在,我们来详细剖析。

布拉德利告诉我**他基本还好**,不过通过更全面的评估,我可以判定,他仍然有 ADHD 的症状,但他没有更严重的精神方面的问题。他认定了自己不想上大学,但我没有发现他存在类似无法治愈的学习障碍等阻碍他向着积极方面改善的问题。他大概率与他的哥哥姐姐**不同**。这可能是他父母对他失望的原因,或者他父母不能理解他的这一点。解决这个问题可以帮助他父母了解他究竟是谁。

> 对于这些对什么都不关心的孩子,您是不是抱有过高的期待,希望他们能像您,或者像他们的兄弟姐妹一样?

他的父母如果了解他,便能更透彻地理解他们是否或者说如何无意地在某种程度上导致了布拉德利的行为。布拉德利很清楚,也很明确地知道,他的父母**希望他成为的人不是他自己:"我不是我的哥哥姐姐。"** 那么他的父母希望他成为什么样的人呢?对于他的父母来说,有一个和其他孩子不一样的孩子,这意味着什么呢?帮助他的父母把答案表达出来，是关键的一步。这个问题的答案往往令人感伤，几乎与父母对孩子未来的焦虑密不可分。有时候，是孩子让父母想到了其他家人，比如兄弟姐妹、叔伯、表兄弟等，他们的人生或许充满了失望。有时候，是父母无法设想孩子在常规之外如何长大成人，这些常规包括上高中、上大学、找工作。对那些没有上过大学也很成功的父母来说，情况也是如此。这种情况有时是父母的不安全感作祟："怎么跟别人说我的孩子不上大学？不参加足球队？不打篮球而跑去下棋？孩子的穿着打扮会让人笑话？"

不过，虽然布拉德利有很多话说得很对，但他对未来的设想未免有些不切实际。一般来说，很少有父母愿意把为孩子上大学而辛苦攒下的钱用于供孩子旅行一年，父母的做法无可厚非（甚至是合理且明智之举）。只不过，对布拉德利来说，他的选择空间太少了，于是这成了他能想象到的最好的选项。遗憾的是，指导老师往往不会帮家长和孩子考虑，除了上大学孩子还能有哪些出路（特别是在重视大学升学率的优秀高中里，这种情况尤甚）。家长和孩子如果考虑了其他方案，就不会太过理想化了。

这种对话不能等到快要考大学了才进行。我和很多小学生聊过，发现他们在四五年级就已经在焦虑上大学的事情了。有些三年级的孩子跟我讲他们长大要去麻省理工或哈佛大学读书。但这很难成真，不是说他们没有考出优异成绩的能力，而是从统计数据上看，这种可能性很低。但是，总是有人告诉孩子们这就是终极目标。到了八年级，这些孩子发现自己成绩平平，但是他们并没有因此再找人聊一聊、树立一个切实的目标，反而开始放弃。有的孩子开始不好好上学，有的家长开始埋怨学校。家长会为发生的事情找原因——有时确实能找到。有时候家长会指责同龄孩子，或者找到其他上百个可以指责的点。但原因往往不会只有一个。他们不会去理解孩子的性格特点，不会讨论还有没有其他的路子可以让孩子好好长大成人，不会试着弄清楚究竟是什么左右着孩子的成功。

马特奥的父母和布拉德利的父母很像。马特奥20岁的时候，他的父母找到我，希望我能写封信劝马特奥回到学校。他们这样形容他们的孩子："马特奥很有创造力，喜欢艺术和平面设计。我们觉得汉普郡学院很适合他，他可以选择自己的专业！谁不希望能这样呢？但是才过了一个学期，他就被留级观察了。院长跟我们说，如果他在社区学院①修读一些学分，就可以考虑让他回来继续学业。但他甚至没有填入学的申请表，而是去诺德斯特龙百货店找了份工作，两周前他被录用了，还有员工宿舍。他迫不及待地等着下周去上班。所以我们来找您。我不能让他去百货店上班，他下个月得去社区学院上课，这样才能修够学分回到大学。我跟他说：'你想做什么都行，画家也好，雕塑家也好，我都会支持。'我是想说，不管他想做画家还是开画廊，我都能接受。"

您发现其中的问题了吗？马特奥的父亲虽然嘴上说"他想做什么都

> 如果说那个固定不变的目标——上大学，至少在孩子高中刚毕业的时候，并不适合您的孩子呢？

---

① 译注：社区学院（community college）是美国高等教育体系的重要组成部分，一般为两年制。社区学院的入学门槛相对较低，学生在高中毕业后可以申请就读社区学院，两年结业后可获得副学士学位，并可以转入四年制大学继续大三、大四的学业。社区学院同时提供职业技术教育和成人继续教育课程。

行"，实际上却不真的这么想。虽然马特奥的父亲说马特奥做什么都行，但前提是他要读完大学，并且不能去做小生意。事实上，马特奥的父母希望马特奥能成为艺术家，这也是马特奥父亲年轻时的梦想。我告诉他们，马特奥从来没有说过他想当画家或者雕塑家，他甚至并不像他们认为的那样钟情于艺术和平面设计，除了在高中阶段完成了两门艺术课的作业，他从来没有再创作过其他的绘画作品和雕塑作品。当然，马特奥的艺术成绩看起来不错，但是班里每一位同学的成绩都不错。他从来不曾想过要创作更多作品，至少截至现在是这样的。再说，即便他愿意创作，如果那些关爱他的人总是对他说"去创作艺术作品吧，我会支持你的"，我们也可以想见他得承受多大压力，即便再有天赋，他也可能会被创作的压力压垮，更何况有些艺术家还经常因为自己对自己的要求而焦虑不已。（与大学相关的话题我们将在第八章更详细地探讨。）

对于一个正从青春期向成年期过渡的孩子来说，这种压力则会更难以承受。马特奥的父亲看上去能接受孩子以后做任何事情，其实不然。他虽然可以支持孩子努力学习艺术，或者说他可以支持他自己的这种幻想（虽然我对他的这种支持能坚持几年持保留意见），但是他不能接受他的孩子想在生命的这个阶段去工作，去获得信心、积累经验。孩子现在的愿望并不意味着他以后不能再做雕塑家或画家或其他类似职业，只是意味着他现在不愿意。

我一直在举青少年的例子，其实这种场景还可能发生在更小的孩子身上，只是表现得没那么明显而已。还有两个例子。特雷尔是个四年级的学生，他想学芭蕾，但他父亲想让他参加赛艇队，浑然不管他怕水，也怕冷。"我想做他的教练。我喜欢赛艇，是一级运动员。"他父亲跟我说。还有特德，他 12 岁，在易贝网①交易昂贵的运动鞋。他在挣钱，但是他父母却因为他不喜欢打棒球而焦虑。他的父母告诉我，特德上个月靠卖运动鞋的生意赚了 600 美元，但同时他们也跟我说："他对什么都不感兴趣。他总不能靠卖鞋谋生。"我只好提醒他们，特德更适合通过卖运动鞋而不是打棒球来挣钱，我还指出了他们的错误，特德并不是对什么都没兴趣。他有自己的兴趣，而且是很强烈的兴趣，只是他感兴趣的并不是他们希望他感兴趣的。

> 如果您的兴趣和能力和您孩子的不一样，您就要做出适当让步。

当孩子的兴趣和父母的兴趣大相径庭时，就有人要做出"让步"。而孩子的"让步"往往会导致他变得懒散、对什么都不关心。父母很难改变他们的观点。孩子更难，特别是当这件事不仅关乎他们的梦想（梦想尚可能随时间而改变），而且关乎他们的性格和气质时（几乎不会改变）。我们到底为什么如此难以理解我们的孩子？是内在因素还是外在因素？要想帮助孩子成为他们想成为的样子，我们首先要回答这些问题。

## 天赋、乐趣、练习：孩子做一件事情的理由

我在前面已经举了许多关于父母期待的例子，毕竟从这一点上我们比较容易进入这个话题，而且它作为切入点也比较让人舒服。

---

① 编注：易贝网（eBay），是美国一家线上拍卖及购物网站。

父母及其家庭教养方式往往比他们教养的孩子们有着更多的相似点。父母往往会犯同一种错误。具体到对一切都不关心的孩子，父母最常犯的错误就是，他们总是在没有弄清楚孩子到底喜欢什么的情况下就对孩子有了期待。换言之，**父母没有或者说不能听听孩子的意愿**，这很可能是由父母自己的期待所致。他们没有弄清楚孩子需要什么，却代之以自己的希望和心愿。有些心愿可能是他们自己年轻时的梦想。后面几章会详细讨论如何细致了解孩子的兴趣和能力。有些孩子很容易了解，您可以明确地知道他们喜欢什么，比如有的孩子生来喜欢图书，阅读的时候会感到快乐，有的孩子热爱棒球，对比赛总是满怀激情。但这本书不是为这样的孩子而写的，本书针对的是那些不会轻易地告诉父母或通过行为来表现的孩子，没有什么事情让他们非常感兴趣，或者至少让他们的兴趣维持几个月或一个季度。我们往往不太能轻易了解这些孩子，父母的期待会对他们形成巨大的压力，把他们压垮。我在工作中接触过许多孩子，他们小时候曾经对某项运动或活动有兴趣，但在初高中时受过伤之后或承受太大压力时，就不再参与他们喜欢的活动，也丧失了其他兴趣，看上去对什么都不关心。在COVID-19流行期间，许多孩子不能做自己喜欢的事，于是他们表现得越来越像布拉德利那样。

是的，所有的孩子都有可能变得懒散、对什么都不关心，为了搞清楚原因，父母需要考虑三个方面，我将其称为家庭教养APP：**天赋**（Aptitude），即天生拥有的做某事的能力；**乐趣**（Pleasure），即从做一件喜欢的事情中获得的快乐；**练习**（Practice），即反复做一件事直到有所进步并掌握相应技能。如图2所示，这三者互不相同却互有交集。当然，动机的背后绝不只有这三个因素。生活中总有意外和变化。家里或者学校发生的变化可能会影响到孩子练习的时间和能力。我们如果喜欢一件事情，却从中体验到了失落，也难免被影响，无法再从这件事中获得乐趣。每个孩子都会有不同的反应（关于如何解释孩子独特的素质，详见第六章）。上述所有因素都值得思考，但是我们首先应该明白乐趣、练习和天赋的重要性，否则很难了解在遇到挫折后该如何恢复，在变化即将降临时该如何应对，甚至是该如何迈出第一步。

**孩子的优势和弱势是什么？**

要改善孩子懒散、对什么都不关心这一表现，我们可以试着帮助孩子"扬长避短"，也就是结合他们的天赋、他们愿意花时间做的事情（即我所说的"练习"），以及让他们快乐的事（即"乐趣"）。

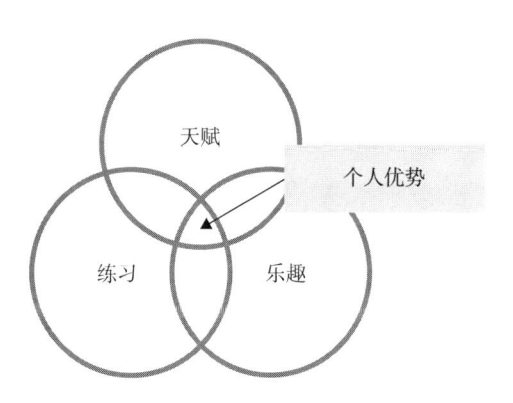

图 2 家庭教养 APP 示意图

从上图中，我们可以看出优势由三种因素构成。在优势形成之前，三种因素便已经以某种方式存在着。比如孩子或许有弹钢琴的天赋，但如果他没有从中获得乐趣，也没有花时间练习，那便不会成为优势。另外，图中这三个因素虽然看上去是等比重的，但实际上如果其中两个达到一定程度，也可以形成优势。举个例子，贝萨妮上五年级了，她有阅读障碍，但她很喜欢读书。由于她的障碍，她在拼读上有困难，影响了她阅读的**天赋**，但是她很享受读书，她的词汇量很大，经常**练习**在阅读课程中学到的技能。她的兴趣得到了她的家教的支持，她们经常打开书去阅读，这一行为提升了她的能力，让她从刚开始的听故事到最后的读故事中体验到了**乐趣**。这让她愿意把时间花在阅读上（练习技能）。虽然她有阅读障碍，但阅读依然是她的优势。哪怕天赋有限，在环境的滋养下，天赋也可以突破限制，得到长足的发展。

而对于其他有阅读障碍的孩子，特别是没有得到有效帮助的孩子来说，阅读则是一个明显的弱势。这些孩子缺乏阅读**天赋**；由于没有人告诉他们成功的方法，他们也很难从中找到**乐趣**；又因为阅读对他们来说很难，他们不愿意去**练习**（我们如果不知道该怎样做一件事情，也往往会不愿意练习）。

了解孩子的优势和弱势是非常重要的。父母一旦在某方面与孩子产生分歧，可能就会导致孩子对这方面不愿意关心，而父母过分关心。换言之，孩子在一个点上越是放弃，父母便越会纠结于这一点。诚然，父母应该**密切关注**孩子的表现，但不应比孩子本人还要过分执着于他未来的成绩（**过度**关注），否则便会酿成冲突，最终导致孩子对一切都不关心。在第三章我将会详细说明理解孩子优势的重要性。现在我先简短地说几句，您如果不知道该如何了解孩子的优势所在，那么可以想想有哪些事情是孩子**自然而然就可以做得不错的**，他愿意做哪些事，以及他**经常做哪些事**。如果孩子很喜欢做一

| 书号 | 书名 | 作者 | 定价 |
|---|---|---|---|
| **融合教育** | | | |
| *0561 | 孤独症学生融合学校环境创设与教学规划 | [美]Ron Leaf 等 | 68.00 |
| *9228 | 融合学校问题行为解决手册 | [美]Beth Aune | 30.00 |
| *9318 | 融合教室问题行为解决手册 | | 36.00 |
| *9319 | 日常生活问题行为解决手册 | | 39.00 |
| *9210 | 资源教室建设方案与课程指导 | 王红霞 | 59.00 |
| *9211 | 教学相长:特殊教育需要学生与教师的故事 | | 39.00 |
| *9212 | 巡回指导的理论与实践 | | 49.00 |
| 9201 | 你会爱上这个孩子的!:在融合环境中教育孤独症学生(第2版) | [美]Paula Kluth | 98.00 |
| *0013 | 融合教育学校教学与管理 | 彭霞光、杨希洁、冯雅静 | 49.00 |
| 0542 | 融合教育中自闭症学生常见问题与对策 | 上海市"基础教育阶段自闭症学生 | 49.00 |
| 9329 | 融合教育教材教法 | 吴淑美 | 59.00 |
| 9330 | 融合教育理论与实践 | | 69.00 |
| 9497 | 孤独症谱系障碍学生课程融合(第2版) | [美]Gary Mesibov | 59.00 |
| 8338 | 靠近另类学生:关系驱动型课堂实践 | [美]Michael Marlow 等 | 36.00 |
| *7809 | 特殊儿童随班就读师资培训用书 | 华国栋 | 49.00 |
| 8957 | 给他鲸鱼就好:巧用孤独症学生的兴趣和特长 | [美]Paula Kluth | 30.00 |
| *0348 | 学校影子老师简明手册 | [新加坡]廖越明 等 | 39.00 |
| *8548 | 融合教育背景下特殊教育教师专业化培养 | 孙颖 | 88.00 |
| *0078 | 遇见特殊需要学生:每位教师都应该知道的事 | | 49.00 |
| **生活技能** | | | |
| *5222 | 学会自理:教会特殊需要儿童日常生活技能(第4版) | [美] Bruce L. Baker 等 | 88.00 |
| *0130 | 孤独症和相关障碍儿童如厕训练指南(第2版) | [美]Maria Wheeler | 49.00 |
| *9463 | 发展性障碍儿童性教育教案集/配套练习册 | [美] Glenn S. Quint 等 | 71.00 |
| *9464 | 身体功能障碍儿童性教育教案集/配套练习册 | | 103.00 |
| *0512 | 孤独症谱系障碍儿童睡眠问题实用指南 | [美]Terry Katz 等 | 59.00 |
| *8987 | 特殊儿童安全技能发展指南 | [美]Freda Briggs | 42.00 |
| *8743 | 智能障碍儿童性教育指南 | [美]Terri Couwenhoven | 68.00 |
| *0206 | 迎接我的青春期:发育障碍男孩成长手册 | | 29.00 |
| *0205 | 迎接我的青春期:发育障碍女孩成长手册 | | 29.00 |
| *0363 | 孤独症谱系障碍儿童独立自主行为养成手册(第2版) | [美]Lynn E.McClannahan 等 | 49.00 |
| **转衔\|职场** | | | |
| *0462 | 孤独症谱系障碍者未来安置探寻 | 肖扬 | 69.00 |
| *0296 | 长大成人:孤独症谱系人士转衔指南 | [加]Katharina Manassis | 59.00 |
| *0528 | 走进职场:阿斯伯格综合征人士求职和就业指南 | [美]Gail Hawkins | 69.00 |
| *0299 | 职场潜规则:孤独症及相关障碍人士职场社交指南 | [美]Brenda Smith Myles 等 | 49.00 |
| *0301 | 我也可以工作!青少年自信沟通手册 | [美]Kirt Manecke | 39.00 |
| *0380 | 了解你,理解我:阿斯伯格青少年和成人社会生活实用指南 | [美]Nancy J. Patrick | 59.00 |

| 编号 | 书名 | 作者 | 价格 |
|---|---|---|---|
| | **社交技能** | | |
| *0575 | 情绪四色区：18节自我调节和情绪控制能力培养课 | [美]Leah M.Kuypers | 88.00 |
| *0463 | 孤独症及相关障碍儿童社会情绪课程 | 钟卜金、王德玉、黄丹 | 78.00 |
| *9500 | 社交故事新编（十五周年增订纪念版） | [美]Carol Gray | 59.00 |
| *0151 | 相处的密码：写给孤独症孩子的家长、老师和医生的社交故事 | [美]Carol Gray | 28.00 |
| *9941 | 社交行为和自我管理：给青少年和成人的5级量表 | [美]Kari Dunn Buron 等 | 36.00 |
| *9943 | 不要！不要！不要超过5！：青少年社交行为指南 | [美]Kari Dunn Buron 等 | 28.00 |
| *9942 | 神奇的5级量表：提高孩子的社交情绪能力（第2版） | [美]Kari Dunn Buron 等 | 48.00 |
| *9944 | 焦虑，变小！变小！（第2版） | [美]Kari Dunn Buron 等 | 36.00 |
| *9537 | 用火车学对话：提高对话技能的视觉策略 | [美] Joel Shaul | 36.00 |
| *9538 | 用颜色学沟通：找到共同话题的视觉策略 | [美] Joel Shaul | 42.00 |
| *9539 | 用电脑学社交：提高社交技能的视觉策略 | [美] Joel Shaul | 39.00 |
| *0176 | 图说社交技能（儿童版） | [美]Jed E.Baker | 88.00 |
| *0175 | 图说社交技能（青少年及成人版） | [美]Jed E.Baker | 88.00 |
| *0204 | 社交技能培训实用手册：70节沟通和情绪管理训练课 | [美]Jed E.Baker | 68.00 |
| *0150 | 看图学社交：帮助有社交问题的儿童掌握社交技能 | 徐磊 等 | 88.00 |
| | **与星同行** | | |
| *0428 | 我很特别，这其实很酷！ | [英]Luke Jackson | 39.00 |
| *0302 | 孤独的高跟鞋：PUA、厌食症、孤独症和我 | [美]Jennifer O'Toole | 49.90 |
| *0408 | 我心看世界（第5版） | [美]Temple Grandin 等 | 59.00 |
| *7741 | 用图像思考：与孤独症共生 | [美]Temple Grandin 等 | 39.00 |
| *9800 | 社交潜规则（第2版）：以孤独症视角解读社交奥秘 | [美]Temple Grandin 等 | 68.00 |
| 8573 | 孤独症大脑：对孤独症谱系的思考 | [美]Temple Grandin 等 | 39.00 |
| *0109 | 红皮小怪：教会孩子管理愤怒情绪 | [英]K.I.Al-Ghani 等 | 36.00 |
| *0108 | 恐慌巨龙：教会孩子管理焦虑情绪 | [英]K.I.Al-Ghani 等 | 42.00 |
| *0110 | 失望魔龙：教会孩子管理失望情绪 | [英]K.I.Al-Ghani 等 | 48.00 |
| *9481 | 喵星人都有阿斯伯格综合征 | [澳]Kathy Hoopmann | 38.00 |
| *9478 | 汪星人都有多动症 | [澳]Kathy Hoopmann | 38.00 |
| *9479 | 喳星人都有焦虑症 | [澳]Kathy Hoopmann | 38.00 |
| 9002 | 我的孤独症朋友 | [美]Beverly Bishop 等 | 30.00 |
| *9000 | 多多的鲸鱼 | [美]Paula Kluth 等 | 30.00 |
| *9001 | 不一样也没关系 | [美]Clay Morton 等 | 30.00 |
| *9003 | 本色王子 | [德]Silke Schnee 等 | 32.00 |
| 9004 | 看！我的条纹：爱上全部的自己 | [美]Shaina Rudolph 等 | 36.00 |
| *8514 | 男孩肖恩：走出孤独症 | [美]Judy Barron 等 | 45.00 |
| 8297 | 虚构的孤独者：孤独症其人其事 | [美]Douglas Biklen | 49.00 |
| 9227 | 让我听见你的声音：一个家庭战胜孤独症的故事 | [美]Catherine Maurice | 39.00 |
| 8762 | 养育星儿四十年 | [美]蔡张美铃、蔡逸周 | 36.00 |
| *8512 | 蜗牛不放弃：中国孤独症群落生活故事 | 张雁 | 28.00 |
| *9762 | 穿越孤独拥抱你 | 张雁 | 49.00 |

## 经典教材 | 学术专著

| 编号 | 书名 | 作者 | 价格 |
|---|---|---|---|
| *0488 | 应用行为分析（第3版） | [美]John O. Cooper 等 | 498.00 |
| *0470 | 特殊教育和融合教育中的评估（第13版） | [美]John Salvia 等 | 168.00 |
| *0464 | 多重障碍学生教育：理论与方法 | 盛永进 | 69.00 |
| 9707 | 行为原理（第7版） | [美]Richard W. Malott 等 | 168.00 |
| *0449 | 课程本位测量实践指南（第2版） | [美]Michelle K. Hosp 等 | 88.00 |
| *9715 | 中国特殊教育发展报告（2014-2016） | 杨希洁、冯雅静、彭霞光 | 59.00 |
| *8202 | 特殊教育辞典（第3版） | 朴永馨 | 59.00 |
| 0490 | 教育和社区环境中的单一被试设计 | [美]Robert E.O'Neill 等 | 68.00 |
| 0127 | 教育研究中的单一被试设计 | [美]Craig Kenndy | 88.00 |
| *8736 | 扩大和替代沟通（第4版） | [美]David R. Beukelman 等 | 168.0 |
| 9426 | 行为分析师执业伦理与规范（第3版） | [美]Jon S. Bailey 等 | 85.00 |
| *8745 | 特殊儿童心理评估（第2版） | 韦小满、蔡雅娟 | 58.00 |
| 0433 | 培智学校康复训练评估与教学 | 孙颖、陆莎、王善峰 | 88.00 |

## 新书预告

| 出版时间 | 书名 | 作者 | 估价 |
|---|---|---|---|
| 2024.04 | 这就是孤独症：事实、数据和道听途说 | 黎文生 | 49.80 |
| 2024.05 | 孤独症儿童沟通能力早期培养 | [美]Phil Christie 等 | 58.00 |
| 2024.06 | 融合幼儿园教师实践指南 | [日]永富大铺 | 49.00 |
| 2024.06 | 与他们相处的32个秘诀：和孤独症、多动症人士交往指 | [日]岩濑利郎 | 59.00 |
| 2024.08 | 孤独症儿童家长辅导手册 | [美]Sally J. Rogers 等 | 98.00 |
| 2024.08 | 孤独症儿童干预Jasper模式 | [美]Connie Kasari | 98.00 |
| 2024.08 | 孤独症儿童游戏和语言PLAY早期干预指南 | [美]Richard Solomon | 49.00 |
| 2024.08 | 融合教育实践指南：校长手册 | [美]Julie Causton | 58.00 |
| 2024.08 | 融合教育实践指南：教师手册 | | 68.00 |
| 2024.08 | 融合教育实践指南：助理教师手册（第2版） | | 60.00 |
| 2024.08 | 孤独症儿童融合教育生态支持系统建设的理念与实践 | 王红霞 | 59.00 |
| 2024.09 | 特殊教育和行为科学中的单一被试设计 | [美]David Gast | 68.00 |
| 2024.10 | 沟通障碍导论（第7版） | [美]Robert E. Owens 等 | 198.00 |
| 2024.10 | 优秀行为分析师的25项基本技能 | [美]Jon S. Bailey 等 | 68.00 |

标*书籍均有电子书

微信公众平台：HX_SEED（华夏特教）

微店客服：13121907126

天猫官网：hxcbs.tmall.com

意见、投稿：hx_seed@hxph.com.cn

联系地址：北京市东直门外香河园北里4号

关注我，看新书！

# 华夏特教系列丛书

| 书号 | 书名 | 作者 | 定价 |
|---|---|---|---|
| \*0137 | 孤独症入门 | | |
| \*0137 | 孤独症谱系障碍：家长及专业人员指南 | [英]Lorna Wing | 59.00 |
| \*9879 | 阿斯伯格综合征完全指南 | [英]Tony Attwood | 78.00 |
| \*9081 | 孤独症和相关沟通障碍儿童治疗与教育 | [美]Gary B. Mesibov | 49.00 |
| \*0157 | 影子老师实战指南 | [日]吉野智富美 | 49.00 |
| \*0014 | 早期密集训练实战图解 | [日]藤坂龙司 等 | 49.00 |
| \*0116 | 成人安置机构ABA实战指南 | [日]村本净司 | 49.00 |
| \*0510 | 家庭干预实战指南 | [日]上村裕章 等 | 49.00 |
| \*0119 | 孤独症育儿百科：1001个教学养育妙招（第2版） | [美]Ellen Notbohm | 88.00 |
| \*0107 | 孤独症孩子希望你知道的十件事（第3版） | | 49.00 |
| \*9202 | 应用行为分析入门手册（第2版） | [美]Albert J. Kearney | 39.00 |
| \*0356 | 应用行为分析和儿童行为管理（第2版） | 郭延庆 | 88.00 |
| | 教养宝典 | | |
| \*0149 | 孤独症儿童关键反应教学法（CPRT） | [美]Aubyn C. Stahmer 等 | 59.80 |
| \*0461 | 孤独症儿童早期干预准备行为训练指导 | 朱璟、邓晓蕾等 | 49.00 |
| 9991 | 做看听说（第2版）：孤独症谱系障碍人士社交和沟通能力 | [美]Kathleen Ann Quill 等 | 98.00 |
| \*0511 | 孤独症谱系障碍儿童关键反应训练掌中宝 | [美]Robert Koegel 等 | 49.00 |
| 9852 | 孤独症儿童行为管理策略及行为治疗课程 | [美]Ron Leaf 等 | 68.00 |
| \*0468 | 孤独症人士社交技能评估与训练课程 | [美]Mitchell Taubman 等 | 68.00 |
| \*9496 | 地板时光：如何帮助孤独症及相关障碍儿童沟通与思考 | [美]Stanley I. Greensp 等 | 68.00 |
| \*9348 | 特殊需要儿童的地板时光：如何促进儿童的智力和情绪发展 | | 69.00 |
| \*9964 | 语言行为方法：如何教育孤独症及相关障碍儿童 | [美]Mary Barbera 等 | 49.00 |
| \*0419 | 逆风起航：新手家长养育指南 | [美]Mary Barbera | 78.00 |
| 9678 | 解决问题行为的视觉策略 | [美]Linda A. Hodgdon | 68.00 |
| 9681 | 促进沟通技能的视觉策略 | | 59.00 |
| \*8607 | 孤独症儿童早期干预丹佛模式（ESDM） | [美]Sally J.Rogers 等 | 78.00 |
| \*9489 | 孤独症儿童的行为教学 | 刘昊 | 49.00 |
| \*8958 | 孤独症儿童游戏与想象力（第2版） | [美]Pamela Wolfberg | 59.00 |
| \*0293 | 孤独症儿童同伴游戏干预指南：以整合性游戏团体模式促进 | | 88.00 |
| 9324 | 功能性行为评估及干预实用手册（第3版） | [美]Robert E. O'Neill 等 | 49.00 |
| \*0170 | 孤独症谱系障碍儿童视频示范实用指南 | [美]Sarah Murray 等 | 49.00 |
| \*0177 | 孤独症谱系障碍儿童焦虑管理实用指南 | [美]Christopher Lynch | 49.00 |
| 8936 | 发育障碍儿童诊断与训练指导 | [日]柚木馥、白崎研司 | 28.00 |
| \*0005 | 结构化教学的应用 | 于丹 | 69.00 |
| \*0402 | 孤独症及注意障碍人士执行功能提高手册 | [美]Adel Najdowski | 48.00 |
| \*0167 | 功能分析应用指南：从业人员培训指导手册 | [美]James T. Chok 等 | 68.00 |
| 9203 | 行为导图：改善孤独症谱系或相关障碍人士行为的视觉支持 | [美]Amy Buie 等 | 28.00 |
| \*0675 | 聪明却拖拉的孩子：如何帮孩子提高效率 | [美]Ellen Braaten 等 | 49.00 |
| \*0653 | 聪明却冷漠的孩子：如何激发孩子的动机 | | 49.00 |

件事，而且会经常做，但并没有展现出做这件事情的天赋，那么您可以试着拓展这项活动，给她更多的练习空间。假设孩子喜欢画画，而且经常画画，但是只会画马，别的都画得不像样子，您就可以给他报一个艺术兴趣班，为他准备充足的绘画工具，让他在有兴趣的领域充分探索。

孩子的弱势往往是那些他努力也做不好的事情，他在做这些事情的时候往往兴致低落，假如有可能，他宁愿选择做其他事。有的事情对孩子来说很难，但他必须做，没有别的选择。不管他喜欢不喜欢，他都得练习阅读，都得学习乘法。这是生活的一部分。但是，这并不意味着父母要强迫他在不擅长且无须擅长的领域成为专家。

> 孩子的优势通常在于那些他天生就能做好的事情上、他喜欢做的事情上和他经常做的事情上。

举个例子。吉米很讨厌数学，他觉得数学很难，但他的父母让他在放学之后学习公文数学（Kumon math），他们觉得这很重要。我先来简单介绍一下公文数学，以防有读者不了解。

> 最好不要强迫孩子在他不擅长且无须擅长的领域成为专家，除了那些他不得不学习和练习的技能。

公文数学最近很流行，是一种课外的拓展类项目，主要靠纸笔完成。由于它在一些领域非常流行，就有父母担心如果自己的孩子不学，就会落后于其他孩子。此外，社会上还有许多针对数学的家教机构，对于喜欢数学的孩子来说，这些机构也非常不错。当然，我不是刻意选择数学作为例子，您可以把这里的"数学拓展"换成其他项目，诸如体操、足球、铃木小提琴、创意写作，等等。

虽然吉米不喜欢数学，但他不用依靠其他帮助就能考到 B 或者 C。然而，他的父母都是工程师，他们希望吉米能够把数学学好，在他们为吉米规划的所有未来职业中，数学都是基础。吉米很反感周六上午上课，他一点也不想学习，他上课的时候也很不开心，觉得自己在数学方面很"笨"。拓展类的数学课非常不适合吉米。但是，吉米的姐姐罗珊达却很喜欢数学，也很有天赋。每周的数学课对她来说都很享受，即便是在周六上午九点上课。很显然，数学是她的优势，这项课外活动完美地契合了她的 APP。

常常有父母问我，他们的孩子要不要接着上音乐课或者接着参加运动队。虽然我鼓励孩子们坚持一个季度或者一个学期，但不要强迫孩子们坚持他们不擅长的运动或其他活动。有时候孩子展现出某方面的天赋，却不愿意练习，父母往往也会为此焦虑。在这一章的前面部分，我提到过特雷尔的故事。他的父亲想让他参加赛艇，说他有天赋，但是特雷尔不喜欢水，什么类型的船都没划过。我鼓励他的父亲和孩子聊一聊，建议他这样开始："你对赛艇是有天赋的，但我发现你不太喜欢，也不愿意为此花时间练习。这是为什么呢？"对特雷尔来说，他不喜欢一大早就要占用自己的业余时间去水面上受冻，也不喜欢这项运动的竞争色彩。他对父亲说："我不喜欢这项运动。我觉得没意思。喜欢这项运动的是你，不是我。"如果他的回答是"我不喜欢我的教练"或者"我对成为赛艇手非常没有自信"，那么我会建议他的父亲找出其中的阻碍所在，并解决它。但是，特雷尔的问题在于这项运动本身，这几乎很难改变。所以我建议他的父亲帮他找找其他擅长的项目，比如特雷尔感兴趣的芭蕾。

## "可是大夫，我现在该做点什么呢？"

"可是大夫，我现在该做点什么呢？"布拉德利的父亲这样问我。在单独和布拉德利谈过之后，我约了他的父母一起回顾之前的讨论。我对他们说，在这个拼图游戏中，有许多小块，我们每次只取一块。要先建立一个共同的目标（我在第三部分将会详述），这可以帮助布拉德利获得动机，同时减少他父母的焦虑。但是，要建立目标，首先应该了解孩子自己想做什么。可是像布拉德利的父母这样的家长往往想立刻就知道答案。我不是在责怪他们，但是，很不幸，这个问题解决起来不可能那么快。我知道家长们不会喜欢我这么说，我也很想用一两句话或是一份行动列表来解决问题，让孩子找到动机。但事实就是，这需要时间——希望这可以缓解您和孩子的压力。

不过，现下也不是什么都做不了。此时此刻，您就可以从APP的角度想一想可以怎样帮助孩子。您如果还是一头雾水，需要帮助，那么请继续阅读。当我画了APP示意图，让布拉德利的父母根据孩子的情况在图上填空的时候，他们也是一头雾水。在"天赋"的圆形图中，他们填了"词汇量丰富"，布拉德利的父亲原先写的是"能说会道"，后来改为"词汇量丰富"。他们还填了"擅长人际交往""关心他人""对于喜欢的工作不会迟到""一旦坐下来开始，就能写下去"。在"练习"一项中，他们写的是"在全食超市工作""打游戏""看长篇小说""和朋友出去玩"。在"乐趣"一项中，他们写的是"读书""打游戏""做他知道自己可以做得好的工作""帮助朋友""陪伴爷爷奶奶""照顾小动物"。（图3是布拉德利的 APP 示意图。）若不是我要求布拉德利的父母把这些写下来，他们都不知道他喜欢和擅长这么多事情。布拉德利的哥哥姐姐专注于学业，他们只愿意短暂地探望爷爷奶奶，但是布拉德利却喜欢陪伴爷爷奶奶。确实，与他的父母和哥哥姐姐相比，布拉德利显得对什么都不关心，但是他在帮助他人时可以获得快乐，这是他只关心成绩的哥哥姐姐做不到的。他并没有因此而得到过鼓励，但事实上，他的这种优势要比在数学考试中取得好成绩重要得多。所以，虽然我没有给他的父母一些具体的建议来解决他们生活中的问题，但是他们开启了一个新的视角，也更愿意去理解这个问题，他们也开始慢慢接受，布拉德利的优势并不直接有助于他考上好大学。

天赋：能说会道、词汇量丰富、擅长人际交往、关心他人、对于喜欢的工作不会迟到、一旦坐下来开始，就能写下去

乐趣：读书、打游戏、做他知道自己可以做得好的工作、帮助朋友、陪伴爷爷奶奶、照顾小动物

练习：在全食超市工作、打游戏、看长篇小说、和朋友出去玩

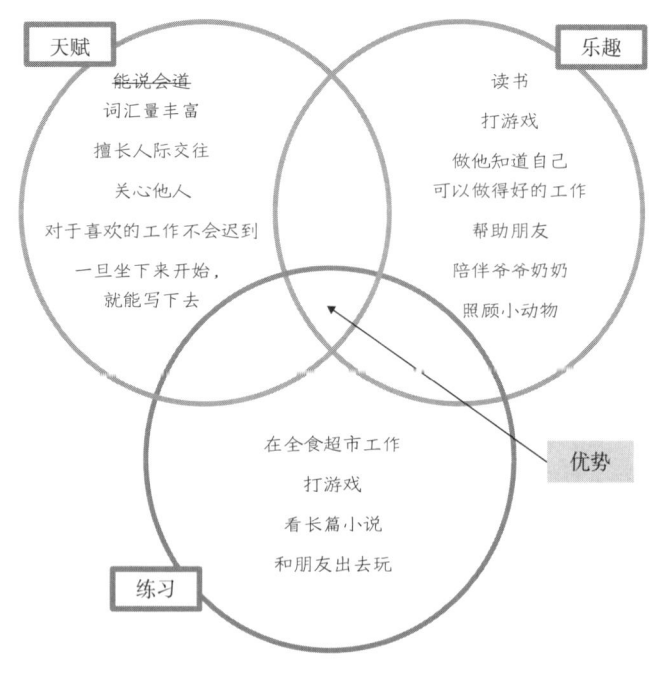

优势

图 3　布拉德利的 APP 示意图

想办法解决这些问题会对您非常有帮助。之后，我将用三章的篇幅来阐述，要想改善孩子懒散且对什么都不关心的表现，这三个因素多么重要，您将不再那么绝望，也会更认同您和孩子都有着变化的可能性。

> 找出孩子的优势可以帮您发现您之前没注意到的孩子的品质。

---

## 想一想　谈一谈　做一做

### ☀ 想一想

- 想一想您自己的优势与弱势，您会怎样填写自己的APP图呢？有没有哪些您所擅长却并不喜欢的东西？您为什么不喜欢？想一想您自己的情况会对思考孩子的问题很有帮助。
- 您对孩子的未来有什么期待？
- 您对孩子未来的期待是怎样形成的？
  - 您的孩子对您明确说过他以后想做哪些事情吗？

### 💬 谈一谈

- 就天赋、乐趣、练习三个方面和孩子聊一聊。您可以问问他以下这些问题：
  - 你觉得自己擅长什么？
  - 你做什么事情的时候最开心？做什么事情的时候最不开心？
  - 有哪些事情是你想努力做好的？

- 你喜欢做什么，最愿意把时间花在做什么上面？你最不喜欢做什么？
- 您可能已经大概知道孩子最喜欢的偶像是谁，无论是现实生活中的人还是虚拟作品中的角色。您如果不知道的话可以问问孩子。和他聊一聊生活中他崇拜的人，包括朋友和家人。您可以问问孩子以下这些问题：
  - 你为什么喜欢他们？你想成为像他们那样的人吗？为什么？
  - 你希望你的偶像多做些什么，或者少做些什么？
  - 你的偶像有没有做过哪些你不想做的事情？
- 对于年幼的孩子，尽早和他聊聊以后想做什么。对于大一点的孩子，多和他聊一聊他高中毕业之后想做什么。不要浅尝辄止。问问他："你觉得怎样才是成功？"

### 做一做

- 根据自己和孩子的情况分别填写 APP 图，以及图中交集的部分。让孩子自己也填一填。您和孩子填得一样吗？如果不一样，差异在哪里？您觉得差异是怎么造成的？
- 对于大多数人来说，APP 涉及的三个因素所占比重并不像图示中的那样平均。要确定一个人的优势，有时候可能更多取决于他的天赋，有时候则更多取决于练习。找出在哪些点上这三者占比不同，说一说这为什么会成为问题。尽量自己找一找问题的解决办法。

第三章

# 天赋：孩子擅长做什么？

现在，您可能会想："这些建议都不错，但我的孩子真的只擅长打游戏。你不懂，他真的对**什么都**不感兴趣。我甚至不确定他有没有优势或天赋。"如果您这么想，那么我可以认真地告诉您，您的孩子一定有他擅长的东西，只是您要花功夫好好想一想是什么。我见过很多父母，他们在为孩子寻求帮助时，只从一两个维度看问题，要么觉得孩子全是优势，要么觉得孩子一无所长。两个极端都是有害的。一种极端是父母觉得孩子在所有方面都是"最好的""天才""令人惊艳"。父母这样想也会导致孩子对一切都不关心，因为孩子知道他没有办法满足父母不切实际的认知。

让我们面对现实。没有人十全十美，我们不能把这种压力给到我们的孩子。如果您意识到自己有这样的问题，及时改变犹未晚。如果您的孩子年龄不小了，已经可以理解您为什么这样想，那么你们可以聊一聊。父母这样形容孩子，是因为他们非常爱他。孩子是非常神奇的，父母往往不确定孩子能做些什么，从而会觉得孩子做过的每件事都是最好的。您如果为这样的想法感到愧疚，就可以和孩子诚恳地聊一聊这种想法的由来，您为什么会给他这么大的压力，为什么要让他觉得自己在钢琴和体操方面做得比他实际做到的更优秀。

另一种极端则是，父母认为孩子一无所长。根据我自己的经验，如果孩子对什么都不关心，他们的父母往往这样认为。我觉得有必要站在专业角度谴责一下这种想法。通常，从心理分析的角度要回答的问题是"**伊曼尼有什么问题**"，而非"**伊曼尼哪里正常**"。如果我说到孩子时使用 ADHD 或**孤独症**等术语，父母往往不是那么容易接受，但有时候，他们更不能接受的是，我无法给他们一个清晰的答案——有时候孩子的问题确实不是某一种疾病引起的，但毕竟，父母来我这里是为解决问题的。有时候，父母，甚至孩子自己，会在找我之前先给问题找个称谓。越来越多的父母对我说："我的孩子在青春期，她觉得自己有 ADHD，所以我来看看她是不是真的有这种问题。""如果您能帮我确认孩子有 ADHD，他就可以吃和他的朋友布莱斯一样的药，上学对他来说也就简单多了，对我们也是。"

给某种行为赋予一个称谓、一个病理性的定义，这已经成为大势所趋，因此，面对一个看上去对什么都不关心的孩子，父母也迫切地希望能够给出一个病理上的定性。他们之所以会这样做，是因为他们认为如果我们能治疗，能给出一个"问题"的名称和"解决方法"，孩子就可以快乐一些。贴标签固然实用，也是必要的，但是贴不了标签（或者不能确认症状）并不必然意味着不存在心理问题。换言之，生活中有许多人，虽然够不上有心理疾病的程度，但他们不开心，或者至少不满足。我在本章后面还会谈到，有一些现实原因会导致孩子失去动机，比如学习能力和反应速度方面的不足。这些问题需要被强调,但应该是在看到孩子优势的前提下被强调。对于一些孩子来说,如果家长能发现他们的优势,这就已经是一种积极的干预了。在我们生活的文化环境中,我们太习惯于找专家咨询哪里不正常,所以我们可能需要得到一些帮助,来弄清楚我们哪里是正常的。

## 找到优势

积极心理学(positive psychology)属于心理学的一种,致力于深入探讨人们为何快乐、如何感到幸福。马丁·塞利格曼(Martin Seligman)是积极心理学之父,他认为,积极心理学可以回应我们对心理疾病、反常行为、消极想法的关注。在研究人为什么会消极的过程中,塞利格曼逐渐开始关注为什么一些人能保持韧性与乐观。他经过研究发现,要想在生活中获得成就感,我们需要能够在大部分时间里发挥优势——对于孩子来说,生活的大部分时间意味着学校、家庭、社交。

关注优势是十分重要的,我们如果能了解自己的能力所在,就可以减缓压力,保持乐观的心态。对于治疗来说,了解人的优势有助于产生更好的疗效,缓解抑郁的症状。关注优势还可以帮助孩子实现他们的发展目标,比如独立、相互关系、能力。我在第一章中谈到过**习得性无助**,这个概念指人常常感觉自己无法掌控自己所处的状况,于是他们选择了放弃,而非努力想办法解决。换言之,人在一些状况中学会了"无助",而他们本可以积极寻求解决方案。

想一想您的孩子，以及您自己。在您的一天中，您有多长时间可以用来发挥自己的优势？对于很多孩子来说，他们一天都待在学校里面，根本没有时间去做他们擅长的事情，自然也就不会快乐。

当孩子表现出消极的问题时，我们似乎不该去关注他们的积极之处。但是，研究证明，关注人的积极发展有助于增强自尊与自信，从而让人更加幸福。

> 如果孩子对什么都不关心，他们的优势往往不被关注。

### 如何发现孩子的优势

发现孩子的优势是需要付出努力的。下文或许有助于您思考如何着手。

**如果您不知道孩子擅长什么，可以问问了解孩子的人。**一个很好的切入点是孩子的老师。（您如果就是老师，可以读一读下页方框中的内容。）您还可以问问孩子的爷爷奶奶、叔叔姑姑、邻居、保姆及教练。下次参加家长会的时候，您可以特意问问老师您的孩子有哪些优势，告诉老师您想弄明白孩子擅长什么，以便更好地决定在孩子上学和放学的时间里关注些什么。家长会上家长和老师通常都是在反映问题，当然反映问题也有必要，但发现优势与发现问题同样重要。如果您的孩子在学习和行为方面存在问题，您在和老师聊天时就难免会感到沮丧，会怀疑"**我的孩子什么都做不好吗**"。对于这类孩子来说，发现他们的优势格外重要，因为他们到青春期时往往会变得对什么都不关心。如果多年以来别人都只能看到他们的弱点，无怪乎他们对什么都没有兴趣。我并不是说老师是导致这个问题的元凶，老师当然不是。家长来开家长会时往往已经做好消极的心理准备，打算只和老师聊聊他们担心的地方。您如果是老师，那么请和家长讲一讲关于孩子的"好事情"。如果您也觉得孩子没有太多值得称道的地方，那么请您和孩子家长一起来改变这种观念。

---

### 老师可以做些什么？

如果您是老师，您可能也想知道自己可以做点什么来发现孩子的优势。但实话实说，面对这些有困难的孩子，我们中（包括我自己在内）可能没有谁真正下了足够的功夫来思考他们的优势何在。我们没有经过这样的培训，但是我们可以做得更多（而且并不需要占用太多宝贵的时间）。花时间去看看一个孩子的考评记录，看看别人都怎么评价他（我也建议父母这么做）。安排一个让学生更开心的班级日程，或者为他们筹备一段开心的旅程。这其实很简单，比如每天请学生描述一下有哪些开心的事情，把开心的事情写下来，这恐怕算得上是最容易的写作了，这也是一种很棒的方法，能让我们知道学生喜欢做什么，而喜欢做什么往往与擅长做什么息息相关。在见学生家长时，要确保能具体谈一谈孩子的优势。如果这个孩子确实没有太多优势，也要让家长知道。这表示在有些地方出现了问题，这些问题可能是在家里或者学校里，更关键的是，也可能是在孩子自己身上，同时还需要针对这些问题做进一步评估并咨询专家。

**想想让孩子感到最快乐的场景发生在何时何地。**想一想孩子兴高采烈地去学习或做别的事情的经历。一定要分清楚快乐和忙碌。有的孩子忙于打游戏,但他们未必真的快乐。我们这里说的是**快乐**。您如果觉得有些难,或者即便您不觉得难,都可以试试写一写家庭日志,把您认为孩子热情洋溢的时刻写下来,关注他们的经历,让他们每天都想一想有什么开心的事情并写在每天日程里。您很快就能发现有些一以贯之的东西,这就是很好的切入点。如果孩子一连几周都不曾感到快乐,那么您恐怕就要寻求其他帮助了(您如果担心孩子在很多事情上都找不到兴趣和乐趣,可以读一读第十一章,来了解接下来可以做些什么)。

**如果孩子之前做过测试,那您可以参照测试结果了解孩子的优势和弱势。**如果孩子在学校做过测试或者您曾带他做过测试,那您便可以获知关于孩子优势与弱势的具体信息。在学校做的测试通常不太关注孩子的优势,因为它的目的通常并不是获知孩子的优势,而是看孩子哪里需要帮助,但是您可以请测试人员和您谈谈孩子的优势,并请他们告诉您如何发现优势。找专家单独做的测试通常会在报告中指出几处优势,不过这只是起点(我很抱歉我提供的报告也有这样的问题)。但是,您可以和测试人员一起聊聊孩子有哪些天赋,这些天赋如何在学业和课外活动中体现,以及要发展这些天赋需要做点什么。如果您的孩子是在近几年内找专家做的测试,您可以要求再见见当时的测试人员。再次约谈有可能走不了医保,但这一小时的会谈带来的收获是值得的。如果您的孩子是在学校做的测试,那您可以问问学校能不能帮您更好地理解孩子最新的测试结果。这些问题您往往可以咨询学校的心理老师。

**找寻孩子优势时，不要只关注诸如运动等老生常谈的领域。**我见过很多家长，他们之所以沮丧，是因为他们的孩子不喜欢运动。但生活中不只有运动。**绝大多数**孩子上了大学之后就**不再**运动了，而毕业之后还在运动的更是**寥寥无几**。父母现在希望孩子花费大量时间做的很多事情，他在高中毕业之后就不愿意做了（甚至有不少事情他在初中毕业之后就不做了）。同样，我们要认识到，人在年轻的时候参加运动并不代表年长之后就有一个健康的身体。话虽如此，我们从运动中学到的远远多于运动本身，我们还可以把"运动"替换成其他活动，比如"参加辩论队""学习乐器""参加学校的话剧演出"等。此外，个人品质也属于优势，比如同理心、口才、责任心。这些品质都可以培养，比如帮邻居照顾小狗、做小生意、在咖啡厅打工等。我见过好多孩子，他们看起来对什么都不关心，但在帮助别人、为别人工作时表现非常优秀。这往往是因为他们的优势不是我们通常以为的"天赋"。我们要辨别这些特质，珍惜这些特质。（如果想了解更多关于这些特质的信息，可以参照本章结尾处的性格优势列表，列表中列出了塞利格曼在积极心理学研究中发现的优势，可以帮助您和孩子更好地发现优势。电子资源中还附有一些链接，您和孩子可以做相关的线上测试。）

**听一听那些不那么了解孩子的人怎么说。**有的时候，您会在意想不到的地方获得一些有效的建议。比如，在校门口等待接孩子放学时，您或许能听到其他家长说："特鲁迪真的很好，她每天自习课上都会帮助我家阿妮塔解答数学作业中的问题。"或者能听到邻居说："路易莎总是帮我丢垃圾。"请关注这些非常规的信息来源。有时候父母会过滤掉这些信息（您印象里的路易莎，她连自己的房间都不打扫），但这些信息往往很有价值。

**最后，尤其是当您想不出来该怎么做的时候，再看一看已有的信息——老师发来的邮件、成绩单等**。这些信息中，有哪些词是在形容孩子时反复出现的？或许您会因为里面全是负面信息而沮丧，但好好读一读这些内容可能会有帮助。如果一份文件里没有任何（或几乎没有任何）对孩子的积极评价，这当然会令人担心，但您可以和老师/行政人员聊一聊，告诉他们您看到了什么。这种没有任何积极评价的文件可能会发展成"自证预言"。

**优势与弱势**

表 3～表 5 中列出了一些优势和弱势的表现。表 3 主要关于学业方面，表 4 和表 5 则关于其他方面。您可以参考这些表格，多方面思考孩子的表现。

在《儿童语言学习每日工具》（*Everyday Child Language Learning Tools*）中的"儿童兴趣活动表"（详见电子资源）里，有一系列问题，父母可以通过这些问题来判断孩子的兴趣。虽然这个表针对的是学龄前儿童，但其中一些问题，诸如"孩子在哪些地方表现得最好？"或者"孩子在哪些地方最努力？"是适合所有年龄段的孩子的。这些问题不仅仅可以帮助您思考孩子的天赋，还能发现孩子的兴趣所在（下一章我将详细讨论这一点）。

表3 学业

| | 阅读与写作 | 数学与逻辑 | 具体学科（如历史、科学、计算机） |
|---|---|---|---|
| 优势 | • 读写达到平均水平以上<br>• 喜欢阅读与写作<br>• 会在业余时间进行阅读和写作 | • 数学计算能力在平均水平及以上<br>• 喜欢做数学作业<br>• 日常生活中习惯计算（计算杂货店的账单总额，平分蜡烛） | • 某一门学科的成绩在平均水平及以上<br>• 特别表达过对某一门学科的喜爱<br>• 在业余时间愿意做和某一学科相关的活动 |
| 弱势 | • 难以达到该年龄段应达到的阅读和写作水平<br>• 不喜欢阅读与写作<br>• 逃避进行阅读与写作 | • 对数学的应用能力没有达到该年龄段应具有的水平<br>• 逃避从事与数学相关的事情<br>• 不喜欢数学课，不愿意做数学作业 | • 没有达到该年龄段应达到的学科水平<br>• 逃避某门学科<br>• 表达过对某一门学科的厌恶 |

表4 社会和情感能力

| | 语言 | 情商 | 友谊 | 执行功能与组织能力 |
|---|---|---|---|---|
| 优势 | • 拥有丰富的词汇量<br>• 喜欢表达<br>• 主动发起谈话 | • 准确表达自己的情绪，并能感知他人情绪<br>• 习惯考虑他人会如何理解一件事<br>• 愿意花时间与人讨论情绪和感受 | • 在较长的时间内拥有稳定深厚的友谊<br>• 喜欢与朋友在一起<br>• 业余时间用于社交 | • 在管理时间与完成多项任务方面具有与该年龄段相符的能力<br>• 喜欢整理图书、文件夹及其他物品<br>• 业余时间用于做计划或组织活动 |

续表

|  | 语言 | 情商 | 友谊 | 执行功能与组织能力 |
| --- | --- | --- | --- | --- |
| 弱势 | • 很难表达清楚自己想表达的<br>• 不喜欢在陌生人面前说话，或者不喜欢在众人面前说话<br>• 不喜欢在给出"是"或"否"的答案后做出相应解释（只回答"是的"，而非"是的，因为……"） | • 不能感知他人情绪，或者误解他人情绪<br>• 不喜欢表达自己的情绪<br>• 避免有关情绪的谈话 | • 朋友很少<br>• 不喜欢社交<br>• 尽可能不与同龄人互动 | • 很难做好时间管理，很难做到满足多项要求<br>• 不喜欢整理物品或作业<br>• 避免花时间做计划或组织活动 |

表5 具体能力

|  | 音乐与艺术 | 运动 | 职业技能 |
| --- | --- | --- | --- |
| 优势 | • 展现出在艺术或音乐方面的天赋<br>• 表达过对艺术的享受和喜爱<br>• 无须他人提醒也愿意花时间练习 | • 擅长运动<br>• 明确表达过"喜爱"运动，或者练习某项运动时面带笑容<br>• 不缺席每一次训练，哪怕是占用自己的业余时间 | • 拥有一份工作、实习，或者做学徒<br>• 表达过对于能工作、靠自己劳动挣钱的激动<br>• 愿意花时间准备工作，在值班和完成任务方面从不迟到、拖延 |
| 弱势 | • 不喜欢参加这类活动<br>• 很难掌握艺术方面的实用技能<br>• 不愿意练习音乐或艺术技能 | • 不愿意参加比赛，即便团队成员和教练都非常优秀<br>• 表达过对一项运动的某些方面甚至所有方面的不喜欢<br>• 运动能力较差 | • 对于未来拥有一份工作或为他人打工感到焦虑。（鉴于大多数孩子最后都要掌握一项谋生的能力，所以要基于合适的职业加以考虑，这样可以减轻孩子的压力，让他们在参加工作时不那么勉强。） |

## 什么是天赋？

"天赋（aptitude）"一词经常和"能力（ability）""智力（intellect）"混同，不过，我倾向于称之为一种潜在的能力。如果想弄明白为什么孩子对一切都不关心或者看上去没有动机，您应该首先知道他有哪方面的能力，比如能达成学业上的目标、从事一项运动、拥有健康的社会生活等。天赋在某种程度上与完成一项具体任务的能力相关。**天赋**更多是天生的，比如对音乐的天赋、成为飞行员的天赋，也包括一些人际关系方面的优势与品行，比如创造力、持之以恒的能力、社交能力等。**能力**则主要指做一件事情的技能。比如，一个人可能拥有音乐天赋，唱歌很好听，可以根据听到的声音用钢琴弹出几个音符，但是，她必须拥有弹钢琴的技能，才有能力弹钢琴。

> 天赋是与生俱来的能力。

当我们谈到"家庭教养APP"时，乐趣和练习的概念（在后面两章我将详细探讨）是比较清晰的，但定义其中的A则相对困难——A指的是天赋（aptitude）还是能力（ability）？实际上，它应该是两者的结合，但我们可以多关注天赋，因为天赋较少受环境影响。另外，智力也常常与天赋混淆，但它们并不完全一样。**智力**主要用于描述推理、解决问题、抽象思考、快速学习等方面的能力。

### 天赋是怎样被量化的？

在我们的文化中，常常用智力测试来测试智力。智力测试既涉及解决问题的天赋，也关乎我们后天成长中获得的信息（这些有时也被称为**晶体智力**①）。智力测试并不是测试潜能的完美方式，因为晶体智力很大程度上是我们的经验和知识积累的结果。智力测试还涉及测试工作记忆（working memory）和加工速度（processing speed）。工作记忆指短时记忆信息的能力，加工速度指在给定时间内进行简单任务的能力，但这些通常与我们认为一个人是否聪明无关。（关于更多智力测试的局限，参见下面方框中的补充内容。）不过，智力测试虽然有一些局限，无法测试创造力、社交能力、音乐能力等方面，但仍然有助于测试孩子在同龄人中的优势和弱势。

---

### 智力测试的局限

虽然智力测试可以帮助我们发现孩子的优势和弱势，但在涉及孩子对什么都不关心的问题时，智力测试有以下一些局限之处需要我们格外注意。

- 智力测试往往不包括创造力，也不包括实践的层面（而这些恰好是这类孩子的优势所在）。
- 测试往往是限时的（对于这类孩子来说会有些困难），但测试结果往往是基于时间做出的，这其实有些不严谨。
- 测试往往基于文化的固有偏见，没有考虑到孩子的"创造性思考"（而这类孩子往往擅长"创造性思考"）。

---

① 编注：晶体智力（crystallized intelligence），卡特尔智力理论的组成部分，指在有固定答案的情况下，个体依据对事实性资料的记忆、辨认和理解来解决问题的能力。

- 孩子的动机会影响测试结果。虽然测试会尽量降低这些因素的影响，但对于这类孩子来说，动机依然会带来较大的影响。
- 智力测试不针对评估孩子未来学习知识的能力。如果孩子的智力测试分数较低，老师和父母往往认定孩子未来难以成功。这会进一步导致孩子的懒散和对什么都不关心。

如果您的孩子参加了智力测试，诸如韦克斯勒儿童智力量表第五版（Wechsler Intelligence Scale for Children Fifth Edition，WISC–5），详见下页方框中的内容，那么您可以将其作为了解孩子优势与弱势的参考。大多数智力测试中都有关于各种能力的指标，比如语言能力、非语言类问题解决能力、视觉空间能力、工作记忆和加工速度等。如果孩子在其中一个方面或多个方面分数较高，就说明这一方面或这些方面是孩子的优势。例如，如果孩子在"语言理解"指标上得到90%的分数，那么他大概率擅长处理涉及词汇和语言推理能力的任务；如果孩子在视觉空间能力上分数较高，那么他应该很擅长拼乐高、装饰房间，或者从视觉上想象事物放在一起的样子，有许多任务（从烤蛋糕到学习生物学），都需要空间推理能力。对于那些懒散、什么都不关心的孩子而言，他们往往在加工速度方面的能力相对较弱。

> 对于理解孩子的优势和弱势来说，智力测试是一个很有用的参考，但不是唯一的依据。

### 韦克斯勒智力量表

智力测试虽然存在一些缺陷，但在一些特定领域仍然对于评估孩子的优势和弱势有着参考意义。在北美，最常用的智力测试方式是韦克斯勒智力量表，包括"韦克斯勒儿童智力量表（第五版）"（WISC-5）、"韦克斯勒学前儿童智力量表（第四版）"（WPPSI Ⅳ）和"韦克斯勒成人智力量表（第四版）"（WAIS-Ⅳ）。[①] 全世界范围内还有很多版本的测试。韦克斯勒智力测试及其他类似测试主要评估智力的两个方面：语言类及非语言类。语言类测试可以评估词汇相关的知识、运用词汇进行推理的能力，以及解决语言问题的能力。非语言类测试有时被称为非文字推理（non-verbal reasoning）、知觉推理（perceptual reasoning）、视觉空间推理（visual-spatial reasoning）或流体推理（fluid reasoning），可以测试从设计作品或图形中提取抽象信息、分析图案、处理视觉谜题及使用立方体搭建结构等能力。韦克斯勒智力量表还包括对其他认知方面的评估，诸如工作记忆（短时间记忆信息，在解决问题时能够运用这些信息的能力）、加工速度（快速处理视觉信息并做出决定的能力）。

---

① 编注：韦克斯勒智力量表（Wechsler intelligence scale）是美国心理学家戴维·韦克斯勒（David Wechsler）创制的智力测验工具。韦克斯勒儿童智力量表（Wechsler Intelligence Scale for Children, WISC）用于评定 6～16 岁个体的智力水平。韦克斯勒学前儿童智力量表（Wechsler Preschool and Primary Scale of Intelligence, WPPSI）最初用于评定 4 岁至 6 岁 6 个月个体的智力水平，第四版调整为 2 岁 6 个月至 7 岁 11 个月的个体。韦克斯勒成人智力量表（Wechsler Adult Intelligence Scale, WAIS）用于评定 16 岁以上个体的智力水平。

懒散、对什么都不关心的孩子往往在智力测试中表现得很不稳定，他们可能会在某些方面表现出优势，而在其他方面表现出弱势。这会导致他们在不同类型的测试中表现出很大差异，父母和老师往往困惑于此。这其实是因为，测试中任务呈现方式的改变导致孩子的弱势体现得更明显；但他们无法理解，反而会认为这是孩子的懒惰造成的，于是对孩子说类似"你上个礼拜做得不错，现在是怎么了"之类的话。针对"孩子加工速度有多快""孩子语言能力怎么样""如果信息以视觉方式呈现，孩子可以做得更好些吗""他的短期记忆如何"等问题，如果孩子之前做过韦克斯勒智力测试或其他智力测试（哪怕是几年前），父母和老师也可以参考当时的测试结果找到答案。

## 其他会影响孩子的能力并导致其对什么都不关心的因素

### 加工速度

我们是否有能力充分利用自身优势，这与个人的性格和生活经历等许多因素都有关系。其中有一个因素我认为影响最大，相比其他因素，它最能决定孩子能否发挥自身优势。几年前，我和布赖恩·威洛比合写了一本书叫作《聪明却拖拉的孩子》[1]，这本书关注

---

[1] 编注：本书中文简体版由华夏出版社引进，于 2024 年出版。

的是对简单的信息处理得慢的孩子。在大多数韦克斯勒智力测试中，这类孩子在加工速度一项的分数较低。加工速度指我们接收信息、理解信息并做出反馈的速度。有些孩子对信息的反应比其他孩子慢一些，这很正常，不正常的是当下这个要求速度、鼓励速度的环境。这样的环境对于这些做事慢的孩子来说太难了。

除了作业写得更慢、早起准备上学时间更长等，加工速度较慢的孩子往往在社交上也会遇到困难（社交活动往往需要快速反应能力）。他们回答问题会慢一些，回话也会因此显得索然无味。写作业对这些孩子来说也是个挑

> 想象一下每天被人催促"快一些"该有多痛苦，就可以理解为什么很多加工速度较慢的孩子会消极对待一切、对什么都不关心。

战。他们不仅需要更多时间写作业，还会对自己要写什么作业，以及怎么写作业感到困惑，他们也会拖着不写。同样，大多数加工速度较慢的孩子在保持秩序/做计划、自我管理、抑制冲动、过渡或者转变等方面也都会遇到困难。他们中有些有 ADHD、学习障碍、焦虑症、孤独症等特殊问题，但并非全部有这些特点的孩子都有这些问题。

在《聪明却拖拉的孩子》一书出版之后，我发现许多加工速度较慢的孩子，特别是那些没有得到有效治疗和调整的孩子，逐渐变得懒散、对什么都不关心。您如果担心您的孩子属于此类，可以看一下她的 WISC 分数，检查一下加工速度的指标是否比均值低 15～20 分或低于 25%。如果是，那么加工速度就是造成孩子懒散、对什么都不关心的一个重要因素。想象一下如果您每次做事情都被落在最后，或者您每次做决定都比别人耗时更久，而且没有人会耐心等待，或者您生活中**每一天**都充斥着别人"快一点""你怎

么了""你为什么这么久"的呼唤——如果您有这样的体验，那么或许您也会说"我什么都不想干"。

如果您觉得您的孩子符合这些特征，但他没有接受过测试，那么您可以通过学区①安排为孩子做测试。您可以参考第十一章中的相关信息，以了解如何通过学校或专家来申请做测试。如果您想了解加工速度的内容，不一定要买《聪明却拖拉的孩子》这本书，您可以在图书馆借阅，我还写过很多关于这个话题的文章，大多数在网上都可以找到。

弄明白加工速度是不是导致孩子懒散的一个原因是非常重要的。不止一个家长跟我讲过："所以您觉得我的儿子只是比别人需要花费更多的时间吗？我只需要接受这件事吗？那我是可以做到的。"理解孩子面对的挑战，与孩子站在一起，这对改善孩子懒散、对什么都不关心的倾向有帮助。

或许我们很难以**积极**的心态看待加工速度**缺陷**，但这并不是做不到的。首先，我们应该知道加工速度缺陷是怎样让生活变困难的。这些困难是主要发生在学校、家里，还是和朋友及其他社会关系在一起的时候？我们先要弄清楚问题发生的场景，然后就可以采取有效的措施来帮助孩子，比如多留一些做测试和写作业的时间。另外，我们还可以想想有哪些事情是需要多花时间的。现在我们总是努力让自己的生活慢下来，而有加工速度缺陷的孩子天生就能做到。孩子喜欢自己的哪一点？和孩子一起写下来。

---

① 译注：学区（school district）是美国公立教育体系的一个重要组成部分。美国各州政府为自身的行政管辖区域划分学区，学区由类似学校委员会、教育委员会等机构负责，可以对该区域内学校进行统一管理，比如制定规章规则、管理教育设施等。

同时，让孩子想想为什么自己觉得有困难。

有一次，一个孩子对我讲："我觉得我之所以有问题，是因为我是个梦想家。"

"我觉得你很懂自己。"我说，"但有一点我不认同，那就是你觉得梦想家是不正常的。这个世界需要许多梦想家。他们幻想了那些别人从未想过的东西！我们需要想办法让你上学的时候更轻松一些，这样你就有更多时间去做梦了。拥有更多时间去做梦、去思考，会让你的生活更轻松。"

如果您问孩子，他为什么觉得自己似乎永远也做不完一件事，他的回答可能会令您惊讶。他的回答可能是积极的，比如做梦，也可能是需要治疗的，比如抑郁症或者焦虑症。不管怎样，您首先要做的就是倾听，这至关重要。接下来则是把这些事情写下来，按照是否需要庆祝或给予帮助来列一列，这可以帮孩子重新认识自己。

### ADHD、学习障碍以及其他问题

虽然我认为加工速度慢是导致孩子懒散、对什么都不关心的重要元凶之一，但还有更多其他的因素对其造成影响，比如 ADHD、学习障碍（包括阅读障碍、计算障碍、书写障碍等）、孤独症谱系障碍、抑郁症、焦虑症等。有时候心理压力也会成为一个诱因（比如父母离世、搬家、被霸凌）。还有时候，看上去积极的品质未必真的是正向的，比如完美主义、高标准等。每一种因素都是一种压力源，有可能导致一系列事件，最终造成孩子丧失动机（更多关于压力的内容，参

> 所有压力源都有可能导致孩子丧失动机。

见第一章）。正如正确对待加工速度缺陷一样，我们要找到诱因，决定治疗方案或调整方法，争取把消极倾向扭转过来。

## 一定要发现优势

加工速度缺陷和学习障碍等问题会给孩子和父母增加难度，让他们不那么容易发现自己孩子的优势。

关于优势究竟是什么，塞利格曼给出了多种标准，您可以对照他的标准，想一想孩子符合其中哪几点，能发挥优势的时间有多长。

- 拥有"当我在这里时，我就是真正的我"的感觉（有时被称作"本真的自我"）。
- 在某项活动中表现出兴奋的状态（孩子迫不及待地要去画画、打篮球、写作等）。
- 从事一项活动时，学习曲线呈现出上扬的形态，即便是该活动变得越来越复杂（随着事情变得复杂，我们会意识到事情的困难，但仍然渴望继续做）。
- 花时间学习新技能，以便练习或运用优势（到了睡觉时间，可能需要父母提醒孩子上床睡觉）。
- 运用自身优势时更多感到的是受鼓舞而非烦躁（孩子在重大比赛之后并未筋疲力尽，反而不太疲惫）。
- 创造并追求能运用自身优势的机会（孩子会要求参与更多活动，比如露营、课外参与活动的机会）。

- 内在动机（孩子不需要别人提醒就去参加活动）。

在孩子一天的生活中，上述这些情况能出现多少次呢？在一周之内、一个月之内又能出现多少次呢？或许不会经常出现。大多数孩子一周之内只能体验到其中少数几种感受。

**发现孩子潜藏的优势**

我们往往把优势视为"天才"或"能力"，这通常没错。但我发现，这些我们认为"懒散"的孩子，他们的优势往往在于性格。塞利格曼和他的同事创建了行动价值协会性格研究所（Values in Action Institute on Character），经研究他们发现了24种性格优势，这24种优势可以被分成6大类。

- **智慧**：创造力、好奇心、判断力、热爱学习、洞察力
- **勇气**：勇敢、毅力、诚实、热情
- **仁慈**：爱与被爱、善良、社交能力
- **公正**：合作、公平、领导力
- **节制**：宽恕、谦逊、谨慎、自我调节
- **超越**：对美与优秀的欣赏、感恩、希望、幽默、信仰

学校往往最为看重学生热爱学习、好奇心、洞察力、合作和自我调节的性格优势。在这方面占优的孩子会对自己和未来更加积极。但如果孩子的性格优势是热情呢？或者是宽恕呢？或者是幽默呢？孩子如果能遇到

> 这些对什么都不关心的孩子，他们的优势中潜藏着"无名英雄"——学校从不会奖励他们所拥有的一些美好特质。

一位好老师,任何性格优势都可以是积极的,但如果没有遇到好老师,谦逊就可能会变成"不自信",幽默可能会变成"扰乱课堂",谨慎可以成为"焦虑",判断力可以成为"无法从正反两面考量事物"。一个热情的孩子甚至会被认为"多动",即便这个孩子确实有ADHD,但在更广阔的诊断和治疗视野中,也往往不会考虑到"应该对生活抱有热情"这一观念。

孩子如果一连多年在生活中无法运用优势,身边还有一两个大人把自己的优势视作缺陷,那么难免会对所有东西都失去兴趣。好好观察孩子的优势,您会看到孩子更完整的面貌,从而把之前所谓的缺点抵消掉。表6是由行动价值协会性格研究所设计的性格优势量表,您可以试着评估自己和家人的优势,并思考在表格中,您认为您最重要的性格优势是什么?哪些性格优势是您想去培养的?您还可以访问下面这个网址填写标志性优势问卷(Signature Strengths Questionnaire):www.viacharacter.org/character-strengths。

### 表6 性格优势量表

想一想您自己究竟是怎样的。想一想量表中列出的优势是您经常会表现出来的,有时表现出的,还是很少表现出的。要记住,人各有各的优势,而且优势可以通过后天建立。

| 优势 | 描述 | 我通常如此 | 我有时如此 | 我几乎从不 |
| --- | --- | --- | --- | --- |
| 创造力(creativity) | 我习惯找到更好的新方式来做事情。 | | | |
| 好奇心(curiosity) | 我喜欢问问题,喜欢发现新事物。 | | | |
| 判断力(judgment) | 为找到正确答案,我会从各个角度审视问题。 | | | |

续表

| 优势 | 描述 | 我通常如此 | 我有时如此 | 我几乎从不 |
|---|---|---|---|---|
| 热爱学习（love of learning） | 我喜欢学习新东西。 | | | |
| 洞察力（perspective） | 别人认为我很聪明，因为我能从不同角度看问题。 | | | |
| 勇敢（bravery） | 即便别人不同意，我也要说出我认为正确的东西。 | | | |
| 毅力（perseverance） | 不管事情有多难，只要开始了我就会做完。 | | | |
| 诚实（honesty） | 我不说假话，我为自己的感受和行为负责。 | | | |
| 热情（zest） | 我喜欢冒险，我喜欢生活中充满激情与能量。 | | | |
| 爱与被爱（love） | 我珍惜自己和他人的情谊。 | | | |
| 善良（kindness） | 我喜欢帮助别人，即便是不太熟悉的人。 | | | |
| 社交能力（social intelligence） | 我能关注到别人的动机和感受。 | | | |
| 合作（teamwork） | 我总能承担起自己的责任，会为集体的成功而努力。 | | | |
| 公平（fairness） | 我对所有人公平公正。 | | | |
| 领导力（leadership） | 在一个群体里，我擅长做领导者，给大家指出方向。 | | | |
| 宽恕（forgiveness） | 当别人做错事的时候，我愿意原谅他。 | | | |
| 谦逊（humility） | 我很谦虚，总是先做事后说话。 | | | |
| 谨慎（prudence） | 我对自己在做的事情非常认真，尽量避免日后后悔。 | | | |

续表

| 优势 | 描述 | 我通常如此 | 我有时如此 | 我几乎从不 |
|---|---|---|---|---|
| 自我调节（self-control） | 我会留意自己的言行，我可以控制自己的言行。 | | | |
| 对美与优秀的欣赏（appreciation of beauty and excellence） | 我欣赏生活的美好。 | | | |
| 感恩（gratitude） | 我会关注生活中的好事，并心怀感激。 | | | |
| 希望（hope） | 我相信好事情马上发生。 | | | |
| 幽默（humor） | 我爱笑，在各种情况下都可以发现积极的一面。 | | | |
| 信仰（spirituality） | 我喜欢为生活找到意义和更高的目标。 | | | |

彼得逊和塞利格曼在合著的《性格优势与美德：手册与分类》(Character Strengths and Virtues: A Handbook and Classification)中第一次列出表格中的性格优势，该书于2004年牛津大学出版社出版。本量表参考了行动价值协会性格研究所的材料。请访问以下网站以了解更复杂的性格优势调查：www.viacharater.org。© 2004—2022 VIA Institute on Character. 本书已获得使用许可。版权所有。

## 运用优势解决问题

发现优势之后，您便可以把关注点从有问题的行为转移到积极的特质上来，下面这些活动或许会对您有帮助。

- 聊一聊一个人可以怎样运用他独有的优势来解决问题。比如，当孩子在学校里被嘲笑的时候，一个善良的人会怎么做？一个幽默的人会怎么做？如果是处于紧张的状态下呢？为什么幽默在这种状态而非其他状态之下成为一项积极因素？

- **和孩子聊一聊什么能让他满足**。如果不考虑时间和金钱，他最想做什么？他擅长做什么？您不必让孩子参加正式的测试或者填写问卷，可以提一些问题，从而了解他如何理解自己的优势，会赋予自身优势怎样的价值。

> 对优势的关注可以产生巨大的力量，帮助孩子建立动机。

- **如果孩子有艺术天分，可以让她画一幅自画像**，或者写一首诗、拍一段视频。不是所有孩子都愿意做这些，但如果孩子的优势是创造力，那么这种交流方式可能会比和孩子聊天更有效。

- **家庭成员也各有自己的性格优势和弱势**。想一想您和您的家庭成员的优势有哪些共性。爱与被爱、创造力、幽默等是你们的优势吗？你们都热爱学习吗？信仰对你们来说重要吗？在想这些问题的时候，别忘了，即便某种优势是大多数家庭成员所共有的，但并非家里每个人都拥有。有这样一个例子。本尼12岁了，他的家人都很擅长社交——除了他。每当本尼的父母在家里举办烧烤宴会时，本尼总觉得自己格格不入。有时候他们家和其他几家人周末一起去露营，这对本尼来说是个折磨。本尼的优势在于自我调节和总是充满希望，他没有养成直接表达自己感受的习惯，甚至他觉得不需要表达，而当他逐渐步入青春期，他开始表现出缺乏动机。家里其他人享受生活的方式在他看来非常痛苦。还有一个例子。萨曼莎拥有丰富的创造力。她的家人很热爱学习，他们愿意花很多时间来读书、交流思想，但萨曼莎喜欢弹低音吉他。在一个人人爱学习的家庭里，萨曼莎显得很不合群。对于看上去缺乏动机的孩子来说，这种情况太常见了。想一想孩子的行为背后是否存在这方面的原因。

- 如果孩子长时间无法运用自己的优势，他们便很难体验到乐趣。在下一章您将看到，乐趣可以帮助孩子提起兴致，而在导致孩子懒散、对什么都不关心的元凶中，缺乏乐趣几乎必定是其中之一。
- 想一想在什么样的情形下，或者在什么样的方式中，缺乏优势会成为一项挑战。有没有哪些领域是所有家庭成员都不擅长的？如果有，想一想您会如何建立优势。或者在哪些领域中，并非所有家庭成员都不擅长，但只有少数人擅长，比如，如果您家里很多人在社交能力和情商上都有不足，只有少数人没有这方面问题，那么可以让不擅长的人向擅长的人学习一下如何建立并维持与他人的关系。

## 家庭教养 APP

在上一章里，我谈到布拉德利的 APP 图，图中显示了天赋、乐趣、练习三者的交集部分。现在，我们来仔细看一看天赋的部分。请您仔细想一想您的孩子有哪些特殊的天赋，图 4 可以提供视觉上的指导。图 4 的另外两个部分现在是空缺着的，在后面两章我将会陆续填满。

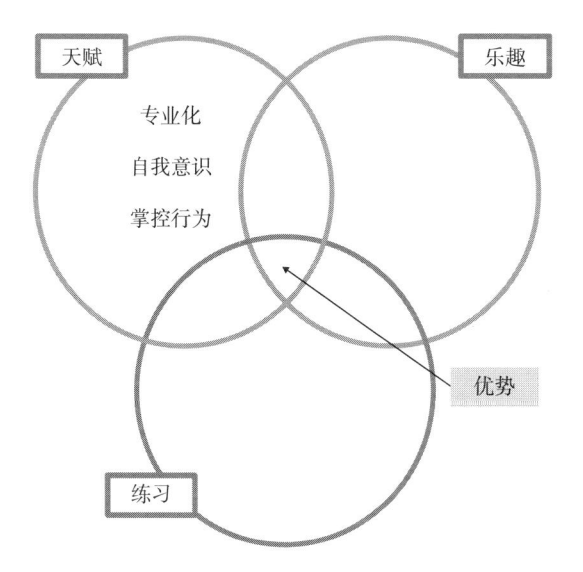

图 4　家庭教育 APP 示意图关于天赋的部分

## 想一想　谈一谈　做一做

### 想一想

- 孩子在什么时候、什么地方最快乐？
- 如果不确定上个问题的答案，想一想别人怎么评价孩子，比如从老师和教练的邮件、成绩单等中可以看到孩子的优势和弱势。
  - 如果孩子做过心理和其他相关测试，一定要看一看测试结果，从中或许可以发现孩子的优势。
- 我发现，加工速度缺陷会导致孩子对什么都不关心。如果您的孩子也有这种问题，请思考一下该问题在多大程度上影响了孩子的动机。如果不能确定，可以和孩子的测试人员聊一聊，这样会理解得更到位。
- 孩子生活中有多少时间可以运用自己的优势？请将未来一周的情况记录下来。
- 想一想孩子在哪些方面或者哪些情景中没有优势，并且因此遇到过问题。
- 想一想哪些优势是您全家人共有的。

### 谈一谈

- 和孩子聊一聊哪些东西可以让他感到满足。如果不考虑金钱和时间，他最想做什么？他擅长做什么？
- 如果孩子有艺术天分，可以让他画一幅自画像，画一画他喜欢做的事。
- 问一问孩子："你生活中有没有哪个大人懂你？你有哪些不为人知的事情是他能够理解的？"
- 告诉孩子别人怎么评价她，比如"老师说你非常善于……"这样一来，孩子可以对自己的优势有更多的想法。

### 做一做

- 发现别人独特的优势，这个人可以是生活中的人，也可以是电影中或者书中的角色。找一个固定的时间定期和家人一起看电影，聊一聊某个电影角色天生的能力与困难。
- 填写电子资源中的儿童兴趣活动表。
- 在性格优势量表上列出孩子的优势（访问网址 www.viacharacter.org/character-strengths，以了解更多）。

第四章

# 乐趣：孩子热爱做什么？

一个人只有天赋是不够的，还需要热爱。天赋和乐趣有着很多重合，您在第三章读到的大部分内容可以帮您了解您的孩子是否在一件事情中找到了乐趣。天生擅长读书的孩子，长大后通常会花很多时间阅读，天生擅长绘画、骑马、滑雪、机器人技术的孩子长大后同样也会把很多时间用在擅长的事情上面。不过，天赋和乐趣依然存在差别，乐趣指的是，孩子在做这件事情的时候是开心的。而当孩子在做那些天生擅长做的事情时，我们又怎么能知道他开不开心呢？一般来说，如果他们开心，他们会经常做一件事，而且做完之后会有很美好的感觉。

我们总觉得找到让自己开心的事情**应该**不会很难，但是有那么多文章和著作都在讨论如何寻求乐趣，这恰恰说明找到乐趣恐怕**不是那么容易**。我们常常会对毕业生说："做你喜欢的事情。"但这句话究竟意味着什么呢？我们总能听到一些在治疗阶段的病人谈论他们**希望**的和想要的，也就是那些能让他们开心但出于某种原因尚未实现的事情。是的，成年人都不是那么容易找到让自己开心的事情，更不要说孩子了。孩子很容易知道什么事情是枯燥的，但很难了解什么能让自己开心。

如果您觉得只有电子游戏能给孩子带来快乐，那我可以告诉您，这个判断并不正确。电子游戏或者 Ins、抖音等社交媒体是可以把我们的时间占满，往好了说，它不会让我们无所事事，还能让我们娱乐，但往坏了说，它让我们变得麻木、迟钝。我们把时间用于在社交网络上聊天，并不是因为我们能从中获得极大乐趣。当然，刷短视频，孩子确实会觉得好玩，特别是和朋友一起刷。有些年轻人甚至非常乐于在社交媒体上展示自我。但对于大多数孩子来说，沉迷社交媒体和电子游戏只是在无所事事的时候消磨时间。

> 电子游戏不会是孩子唯一的乐趣所在。事实上，电子游戏并没有让孩子开心，只是帮他们消磨时间。

我曾经请一些第一次来为孩子寻求诊疗的家长填过一份表格，表格里面有各种关于孩子发展、治疗经历、学业方面的问题，还有一些开放性问题，比如"您希望从测试中得到哪些收获"。其中有一个问题是"您希望孩子的未来是什么样子的"，这个问题可以从很多角度回答，而几乎所有家长的答案都是一样的："快乐，我希望孩子快乐。"但是，当我问到孩子"什么让你快乐"时，很多孩子一脸茫然。虽然做父母的都希望孩子快乐，但他们并没有花多少功夫往这个方向努力，无论是在孩子身上，还是在全家人身上。而尽管我们的文化很重视追求快乐，但快乐直至最近才成为心理学研究的一项主要领域。几乎没有什么研究关注到儿童快乐的发展，这或许是因为成年人总觉得孩子不会面临社会加诸成年人的要求，所以孩子**天然**是快乐的。但事实并非如此，我们只要粗略看看儿童抑郁症和焦虑症的相关数据就能知道。

要想帮助孩子找到让她开心的事情,您一定要仔细观察,线索常常不会非常明显,有时候他会表现得像是嫉妒或者好奇。比如有时候,您的孩子会看到其他孩子出国游学、参加戏剧训练营、去杂货店打工、参加一项小众的运动(如冰壶或击剑),或者看到其他孩子在自己梦寐以求的领域中获得荣誉,她可能会很感兴趣。这时,您就可以帮孩子梳理一下她为什么对自己的朋友产生好奇,可以问问孩子:"你也想做这个吗?""哪一点吸引到你了?"当然,也有可能这并不是孩子的兴趣所在,但也是有价值的信息。要留神,究竟是什么点燃了孩子心里小小的火苗,从这里切入,做更有意义的讨论。

那些懒散、对什么都不关心的孩子往往看上去也不开心——他们几乎对所有事情都没有兴趣。每当这样的孩子来到我的办公室,他的父母对我说的第一句话就是:"什么都不能让他开心。"通常,专家在面对这样的孩子时会做出诊断,或者指出原因,"他有抑郁症""他焦虑""他有学习障碍""他的学校不适合他"。这些可能都没错,指出问题也很有必要,但是往往诊疗就到此为止了——并没有更进一步帮助孩子找到乐趣。我们希望孩子不再焦虑,我们也应该如此,但我们没有采取进一步措施——"既然他没那么焦虑了,他还可以做些什么让自己更开心呢?"我在第三章中指出,我们如果只关注孩子的弱势,那么就更难发现孩子的优势了。同样,只关注是什么让孩子不开心(虽然很重要)是不够的,因为这对创造快乐无济于事。

## 乐趣的普遍性

　　世界上有许多种文化比美国文化更注重在生活中找到乐趣。比如，意大利、法国、希腊等国家的人更能在饮食中发现快乐。有研究表明，如果孩子能够享受美食，他长大之后也更能发现有趣的活动。在法国，人们希望孩子们能够享受桌上的食物，很少探讨哪些食物不适合孩子，他们不会为吃高卡路里食物而羞耻，也不会在吃自己喜欢的美食时感到"罪恶"。专注于饮食，不肆意评判，这使得法国孩子的肥胖率较低，也不太容易患上与饮食相关的疾病。食物不是让我们用来否定自己的，虽然我们平时总这么做，相反，食物值得我们享受，值得用心留意。如果专注饮食，我们的饭量将会减少，因为我们在吃饭时能够充分调动感官，知道自己什么时候吃饱了。对着屏幕不专注吃饭，我们则有可能会吃得过多。

　　玛丽安·苏佐（Marie-Anne Suizzo）是一位教育心理学家，研究跨文化家庭教育，她发现法国的父母不以**享乐**为贬义词。事实上，法国人鼓励他们的孩子体验快乐，乐趣就像北极星，指引孩子萌发愿望，指引他们未来的行动。

　　法国人会在孩子很小的时候就教他们品味和欣赏美食。苏佐博士研究发现，在法国，人们在家中一般很少谈论食物的营养价值，也不会聊我们**为什么**要吃某种食物，而是关注食物带来的感官体验。关于"味道"的教育不只停留在孩子的舌尖，而是要唤醒孩子所有的感知

> 乐趣是我们心中的北极星，告诉我们想要什么，指引我们未来的行动。

和情绪。相比于礼仪教育等，法国人更注重他们所谓的"刺激练习"——为孩子读书、放音乐或做按摩。苏佐博士发现，很有趣的是，大人要是希望孩子能享受美食，那么关于晚餐的话题是"这个真好吃"而不是"花椰菜有好处"，孩子会很容易培养起餐桌礼仪。在法国，刺激孩子的感官，最终是为了让他们懂得，是什么带给他们快乐。

几年前，我休假去捷克访问，捷克人以不必健康饮食著称（捷克人的肥胖率仍低于美国）。我这一生中可能只有一次这样的机会，所以我决定对饮食不要有戒律。我按照自己的心愿，吃了甜点，喝了咖啡，还吃了肉和饺子，这些都非常好吃，每一口都是享受。有时候我不太想吃高卡路里的食物，但一旦我想吃了，我就不会违背心愿。和朋友一起出去时，我们从来不会聊关于饮食的负面话题。事实上，有几次我因为没有拒绝甜点而感到"罪恶"，自我反思，计算卡路里，这使我的朋友非常疑惑。在捷克，如果有人邀请您吃晚餐，为您点了甜点，那么您不宜去解释为什么您不能吃这些，这是非常不礼貌的。您的朋友或其他人花功夫购买或烹饪了美食，这些美食可以让您快乐，但您却说"不，我真的不能吃"，这实在有些荒谬。可是，在美国，我们的孩子每天都能听到这样的对话，这也难怪我们找不到让自己快乐的东西。

我在捷克的时候发现，就像在对法国人的研究中发现的那样，一个人在饮食中找到了乐趣，有助于增强这个人其他方面的感知能力。所以，那时我在一顿饱餐之后更想去散个步，并且我确实这么做了。而我又发现，饭前或者饭后的时间是最适合散步的，所以我饭前饭后都尽量去散步。早餐吃些面食可以让我晚饭吃少一些。我更清楚地知道什么能满足我，知道我需要什么。专注于饮食可以减少卡路里摄入，重要的是关注自己的体验而非卡路里本身。通过这种"快乐饮食法"，我在 6 个月内瘦了 10 斤（是的，您没有看错，我没有**长胖**，而是**瘦了**）。我说这些是想表明，要关注让我们快乐的事情。美国在很多方面是领先于其他国家的，我们更要了解乐趣，了解乐趣与养育孩子之间的关系。

## 重结果，轻过程，会消磨动机

聊了这么多关于饮食的东西，这和懒散、对一切都不关心的孩子有什么关系呢？这样的孩子往往生活中乐趣很少。他们不知道自己想要什么，自从生活的中心从玩耍变成上学，他们便不再开心了。从玩耍转变为上学，其实就是从过程向着结果的转变。玩耍有许多种方式，而每一种玩耍本质上都是为了获得快乐，如果体验不到快乐，我们就不会去玩耍了。孩子们玩的东西可以是有形的物件，比如积木或者沙子，也可以是无形的想象。绝大多数玩耍都没有一个"结果"。孩子在沙坑里玩耍、用手指画画，不是因为他们可以制造出某种东西，而是因为这些游戏的过程本身有趣。在很多家长的描述中，那些懒散、对一切都不关心的孩子，在婴幼儿时期也是非常可爱的，在儿童时期也都非常有同情心、能够理解他人。他们在游戏中表现得很棒，可能有的孩子控制不住自己，时间到了也不愿意离开沙坑，但他们都能充分享受玩耍。同样，孩子喜欢通过读书来找乐子（比如读小说），但读书一旦变得枯燥，他们便会厌烦；他们喜欢通过运动找乐子，只要运动是为了玩耍而非比赛。而随着学校和家庭生活逐渐被任务和作业填充，这些孩子距离曾经手指作画的乐趣越来越远，便开始对一切都不关心了。因为他们所关心的事情越来越少了，他们变得不再热情，逐渐冷漠起来——与快乐渐行渐远。

## 冷漠：乐趣的对立面

冷漠是指对一切都没有激情和热爱，这会妨碍孩子在学校和社会关系中的表现。每个人都有冷漠的时候。孩子之所以变得冷漠，可能是因为他不喜欢某个老师或者某个学科，也可能是因为某些更复杂的原因，比如抑郁或无法理解主要问题（想了解为什么孩子会缺乏热情变得冷漠，阅读第 82 ～ 83 页方框中的内容）。在 COVID-19 流行期间，许多忧心忡忡的父母和我讲过孩子的冷漠。在有些情况下，冷漠、懒散、对什么都不关心是很正常的，特别是青少年或者更小的孩子，他们还没有足够的词汇来表达他们不喜欢什么及他们为什么不喜欢，所以只能用行动表达，即对什么都不关心。他们会对别人怎么看他们过于敏感，有时候也会假装冷漠，毕竟这样显得很酷。然而，不是所有情况下的冷漠、懒散、对什么都不关心都是正常的，比如这一状态已经持续了很长时间，特别是伴随着情感分离[①]

---

[①] 编注：情感分离（emotional detachment），也译为情绪隔离，具体表现为个体对自己的情绪体验和情感保持冷漠、冷静或控制，避免情绪的波动和表达，倾向于将自己的情绪隐藏起来，不与他人分享或表达情感，或是在面对困难情绪时主动回避。

（emotional detachment）的表现。

布鲁斯 12 岁了，在他父母的描述中，他缺乏动机，也不想完成或者实现任何事情。即便他睡足 12 小时，看上去还是无精打采的。对于父母想让他做的事情，他完全没有兴趣。他把大量时间都用于独处，至少在家的时候是这样的。唯一的例外是和朋友见面，每次见朋友，他似乎都会有无限的活力。他和其他同龄孩子在一起的时候总是生龙活虎，老师觉得他非常活跃。虽然他和家人共用晚餐的时候几乎一言不发，但当他的叔叔带着女朋友米兰达来家里的时候，布鲁斯就非常喜欢和这个年轻、时尚、友好的姑娘聊天，他们在一起聊音乐、聊他们喜欢的视频。

"米兰达，他只和你说话，"布鲁斯的父母说，"希望你能常来！你身上一定有些独特的东西是我们都没有的。"

米兰达拥有的，正是对这个未来侄子的兴趣，这种兴趣不夹杂任何压力和期望。她只是想了解他，想知道他对什么感兴趣。每次布鲁斯说到一个米兰达不知道的电影或者乐队的时候，米兰达都会去查。正是出于这样的兴趣，布鲁斯愿意回应米兰达，在她身边的时候布鲁斯表现得像普通的青少年，虽然面对别人时他从来不这样。

我虽然担心布鲁斯会慢慢变得对一切都缺乏兴趣，但我更担心蒂姆。布鲁斯的症状蒂姆都有，蒂姆还表现出布鲁斯没有的其他症状。蒂姆几乎不学习，老师很担心他，他对社交也完全没有兴趣，他周六能睡上 12 个小时，然后起来吃点东西就又回到床上。蒂姆已经不只是冷漠、懒散了，他看上去有些抑郁。

### 孩子为什么会变得冷漠？

孩子之所以变得冷漠，有许多原因，这里仅列出最常见（尤其对于青少年）的几种。

- **害怕失败**，所以装作对一切都不关心。这里的失败可以是方方面面的，比如篮球赛输球、阅读速度慢。孩子因为害怕自己满足不了别人的期待（或者有时候是自己的期待），可能会说出"我再也不喜欢篮球了"或者"读书是很愚蠢的"。做一个看上去什么都不关心的孩子总比做一个看上去一无是处的孩子要好一些。
- **无聊**。"无聊"一词似乎被滥用了，比如"比尔觉得上课无聊，所以精力不集中"。这里的无聊是另一种意义，是当孩子升入初中或高中且兴趣改变时所感到的无聊。当孩子升入初中时，他将自己决定喜欢什么、不喜欢什么。当他不再去做那些他曾喜欢的事情时（这往往是因为那些曾带给他享受的事情也开始有要求，他需要掌握一些自己不喜欢的技能，比如体操、滑冰、芭蕾及其他几乎所有竞技体育所需的技能），他没有找到合适事情的替代。我发现，孩子们在高中阶段可以"投身于"很多事情，但初中时常缺乏这样的资源。此外，这个年龄段的孩子通常对于尝试新事物过分敏感。您如果觉得这是孩子变冷漠、懒散的一个原因，可以和学校老师谈谈，试着找一些合适的活动和方式，让孩子发现新的兴趣。

- **孩子并不认同您对成就的定义。**父母总会对孩子抱有梦想，父母和孩子的梦想一致是一件完美的事情，而父母的梦想往往和孩子不同。您或许希望孩子读某所大学，达到一定分数，坚持一项运动，但孩子可能不喜欢，或者他想要自己思考这些事情，然后自己做决定。孩子可能一开始只是不关心踢球，后来发展到不关心任何事。不能强迫孩子的梦想和您的一致，否则您将看到她用懒散、冷漠的状态来向您提出抗议。
- **孩子希望表现得独立。**青春期的孩子最大的任务便是变得独立，摆脱父母的管束。其中一种方式就是表现得不在乎，以此向父母宣告他不愿意过平常的生活。

## 比冷漠更严重的阶段

我很担心蒂姆的行为，他的症状是慢性的，而且愈发糟糕。他变得越来越暴躁、内向，几乎不与人来往。我觉得他的状况不是很好，于是为他安排了更加复杂的评估。如果一连几周孩子都表现得冷漠，便有可能存在更严重的问题，需要加以评估。针对抑郁症，尽管本书有一些讨论和建议，但真正的治疗远比本书谈及的建议要复杂得多。

低落的情绪有时会突然而至，而如果儿童和青少年患有抑郁症，这种瞬间陡生的情绪就可能很难消散（会蔓延两周以上）。他们还会周期性地对活动与朋友失去兴趣。然而，有些孩子，特别是像蒂姆这样的孩子，并不会将低落的情绪表现出来。他们的抑郁症状体现为易怒，因而他们看上去爱发牢骚、性格古怪、会因小事而生气、很容易心烦意乱。易怒是抑郁症最典型的症状之一，在患有抑郁症的儿童中，有80%的儿童都有易怒的症状。（想更多了解抑郁症，阅读下面方框中的内容。）

> 如果冷漠的情绪持续两周以上或愈发严重，就需要进行焦虑症或抑郁症的评估。

### 抑郁症的症状

患有抑郁症或重度抑郁障碍的儿童至少会有两周的低落情绪或兴趣丧失。此外，患儿还会出现以下的症状（至少四种）：

- 体重或食欲明显改变（降低或增加）
- 失眠（睡眠不足）或嗜睡（睡眠过度）
- 情绪过分兴奋（过于焦躁不安）或懒怠（不愿起身做任何事情）
- 疲劳或失去活力
- 觉得自己毫不价值，有负罪感（"我什么要这么做？"）
- 难以集中注意力，或逐渐丧失决断力
- 想到死亡或自杀（无论是否有具体计划）

冷漠除了对应抑郁症，也是焦虑症的典型表现。举个例子。加布里埃拉14岁了，她从很小的时候开始就总为学校作业焦虑。在某种程度上，这让她成了一位好学生。但是，上了高中，她愈发为追求完美而焦虑，还担心别人不喜欢她，担心自己不合群，这种不安的感受变得越来越难以忍受。她总是觉得胃不舒服，去找儿童消化科专家做检查却查不出原因。每天晚上，她会花几个小时来检查自己的作业做得好不好，但她从来没有满意过。在第一学年的年中，加布里埃拉决定"沉溺于学习"，不再关心几乎其他任何事。要不是我对她做了一个综合的评估，我可能会以为她患有抑郁症，虽然她确实有轻度抑郁，但她的问题根源在于她无法控制自己的焦虑（想更多了解焦虑症，阅读下面方框中的内容。）

如果孩子对一切都不关心是由焦虑或抑郁引起的，那么一个好消息便是，这可以被治疗。**认知行为疗法**（cognitive behavioral therapy，CBT）对此非常有效，可以帮助孩子矫正自己的思想和行动以缓解焦虑、改善情绪。基于认知行为疗法的问题解决策略能够帮助患儿缓解压力。此外，药物治疗也是一种选择，学校即可提供相关帮助，比如定期约见咨询师或减少学业量以帮助孩子掌控压力。（关于如何为孩子选择合适的诊疗方案，更多信息请参见第十一章。）

### 我的孩子会焦虑吗？

很多有焦虑症的孩子其实与冷漠完全无关（他们往往会关心过度）。一些焦虑的孩子之所以表现得冷漠、懒散、对一切都不关心，是因为他们缺乏应对技巧。多数情况下，患有焦虑症的孩子会对很多事情过度关心，他们几乎担心着**一切**——家人

> 是不是健康、公交车能否准时、考试能不能考好、全球会不会变暖、放学路上遇到的流浪汉好不好、某人是不是得了癌症、朋友们喜不喜欢自己、会不会发生地震或者龙卷风，等等。冷漠、懒散的孩子和焦虑的孩子，他们的痛苦属于两个层面。他们很焦虑，却要通过看起来对什么都不关心来努力控制自己的焦虑（这种焦虑可以表现为对所有事情过度关心）。在表象的背后，是孩子的痛苦。
>
> 患有焦虑症的孩子也会出现生理症状，可能是头痛，或者像加布里埃拉一样胃痛，也可能是心慌、烦躁、注意力涣散、易怒、掌心出汗、睡眠障碍等。以上症状往往会同时出现两种及以上，症状会随具体环境不同而改变。如果您的孩子看上去对一切都不关心，并且经常出现查不到病因的症状，那么您可以做进一步评估以检查他是否患有焦虑症。

## 冷漠的生理因素：单凭意志力难以改变

当我们感到快乐、体验美好的情绪冲击时，我们的大脑中会释放化学物质，这类化学物质被称作**神经递质**，负责在脑细胞之间传送信息，其中一种便是多巴胺。如果一个人患有抑郁症，多巴胺的分泌就会降到很低，或是和其他神经递质失衡。我不打算把大脑的化学结构细致罗列出来，我只是要指出一些重要的事实。抑郁是生理性的，它不是可以通过意志来克服的。患有抑郁症的人并不缺乏意志力，患有焦虑症的人也是一样。

最近有研究表明，冷漠也有其生理基础。目前尚不清楚冷漠的情绪和大脑内部连接的问题孰先孰后，但是冷漠、对什么都不关心的人，大脑内部连接的水平确实有所下降，这导致他们的大脑在处理信息时效率降低，因而当他们要计划一项行动或把计划付诸实践时，要付出更多努力。

冷漠、对什么都不关心的问题看上去似乎**不复杂**，孩子需要做的无非是**去关心**。对于一些孩子来说，找到他们真正在意的东西即可。但这不仅仅关乎意志力，还需要调整旧有习惯，需要很多思考和时间。对于患有抑郁症、焦虑症或长期表现为冷漠、懒散、对什么都不关心的孩子来说，这是一种生理问题，不会因为意愿而改善。幸运的是，针对抑郁症和焦虑症的治疗可以改变大脑处理信息的方式。但是，我有必要再说一遍，所有这些都需要时间、耐心和理解。

> 解决冷漠的问题非常复杂，不能仅凭意志力。

## 生理因素之外：为什么有些孩子会陷入冷漠？

米哈里·契克森米哈赖（Mihaly Csikszentmihalyi）是一位心理学家，研究对快乐的追求。他提出了"心流"（flow）的概念，来指代一种心理状态，即当我们全神贯注于某件事，在其中感到快乐时，其他事情就变得都不重要了。当我们面对较大的挑战，同时有较强的能力完成任务时，我们往往会拥有心流体验。我们的能力越是不足，我们对一项活动便越没兴趣。我们的能力越强，我们面对挑战时也就越放松，特别是如果难度不大，我们便会更加放松。当一项活动完全没有挑战性，并且有些无聊，而我们也不具备完成任务所需的能力时，我们便不愿意去做。当挑战难度增加，而我们的能力不够，难以完成任务时，我们便会感到焦虑，担心是否能完成；但如果我们的能力较强，我们便有自信可以完成任务。而如果任务极具挑战性，我们又非常有能力，我们便会拥有心流体验——准备好了去迎接一个让我们自豪、给我们成就感的挑战，就像在激烈的网球对攻中用球拍最佳击球点击中了一记精彩的球，就像飞快地解决了难解的谜题。

> 冷漠的反面是心流，即孩子面临很大的挑战，而他拥有很强的应对能力。

可以想象，要拥有心流体验，我们需要一个高难度的挑战和相应的强有力的应对能力。而这种状态的反面就是冷漠，如果挑战难度不大，而我们的能力又不强，我们便会表现为冷漠、没有兴趣。根据这个模型，会产生冷漠状态最典型的环境便是，孩子缺少能力（或是缺少教育机会，或是有学习障碍而没有得到有效治疗），同时没有面对挑战。

要把孩子从冷漠状态调整到心流状态，需要两个条件，即孩子要相信以自己的能力能够完成任务，同时环境中的挑战能够迫使他们思考。而实际上，那些对一切都不关心的孩子往往难以同时具备上述两个条件。比如为了不让孩子感到无聊，父母可能会对学校说"孩子需要一些挑战"；再比如测试人员说"孩子需要在阅读方面得到帮助"。在第一种场景中，孩子可能尚不具备相应能力，就被迫学习高阶课程，这将导致冷漠状态的进一步恶化。在第二种场景中，孩子虽然在学校里获得了一些服务或缓解了障碍，但这意味着他将大部分时间花费在克服障碍上，而对其他课程的挑战少有体验。

实现平衡殊为不易，如果您的孩子有类似的情况，不必想着一夜之间就能改善。要想短时间内见到成效，的确有许多事情可以做，但想要孩子在学业的挑战和相应的能力之间实现平衡，可能需要专业评估（更多相关信息请参见第十一章）。

屏幕、日程表、睡眠

还有其他的东西会妨碍心流体验的到来，导致孩子更加冷漠。而**屏幕**、**日程表**、**睡眠**这三项想必并不意外——看屏幕时间太长、日程排得太满、睡眠时间太少，这些已经在媒体、家长会、邻居家的宴会上被聊得太多了。

**看电子屏幕的时间**。统计表明，现在的孩子平均每周看电视 28 小时，而美国儿科学会建议孩子每天使用**所有**屏幕的时间不超过 2 小时，但即便我告诉您这些数据，恐怕您家的日常习惯也不会改变。做出改变是很难的。您可以记录一下孩子每天花在看电子屏幕上的时间，要记住，这些花在看屏幕上的时间是消极的、毫无创造力的，这些时间本可以用来社交、抽象思考、创作、玩耍。关于如何解决这个问题，有一些不错的图书（详见电子资源），限制看屏幕的时间对每个人都有好处，不只是孩子。孩子将越来越多的时间花在看屏幕上，是导致他愈发冷漠的一个原因，但不是唯一原因，而且有时候离不开屏幕其实是一种病态。换言之，如果孩子的状态位于"心流图"①的底部左下角,她就会把更多的时间用于打电子游戏,因为她只有在打游戏时才会觉得状态不错。限制她打游戏并不会改变她的状态在"心流图"上的位置,除非还有其他改变发生,比如恰当的教育环境、应对挑战的能力。

**日程表与睡眠**。日程表是左右孩子快乐与否的因素之一。日程排得太满(在下一章我将对此有更多讨论),过于疲劳,缺乏睡眠,都会影响到孩子的乐趣和心情。我们生活的世界正是导致这一问题的元凶之一。父母很担心孩子错过了某些东西,不仅仅是那些有"错失恐惧症"(fear of missing out, FOMO)的孩子父母。太阳还没出来,孩子一天的学习就已经开始了,直至深夜,课外活动还没有结束。孩子们没有自己的时间。小孩子没有时间玩耍,大孩子没有时间思考。您下一次听到孩子说"我觉得无聊"时,可以试着像我的父母一辈那样,让孩子选择要么做做家务,要么自己找点事情做。孩子们会自己找事情做,或者去户外。如果孩子的睡眠有比较大的问题,您可以看看电子资源中的内容。如果您的孩子看屏幕停不下来、不好好睡觉,或者不照日程表行事,您可能会发现自己一直在喊叫。而如果孩子能安排好自己的日程,没有盯着屏幕而是在做其他事情,您可能就会因他们这一点点的进步而表扬他们,但这种用心良苦的表扬并不一定能激发孩子的兴趣。

---

① 译注:作者并未给出"心流图"的图示。由机械工业出版社2022年出版的《像运动员一样思考》(*The Genius of Athletes*)一书中征引了"心流"概念的提出者米哈里·契克森米哈赖教授的相关图示,可供读者参考。

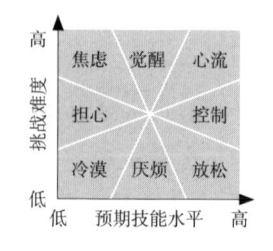

### 为什么光表扬是不够的？

当看到孩子付出辛苦和努力时，我们总是习惯说"你做得很好了"，或者表扬他，希望让他感觉好一些。有时候这是出于我们不切实际的期望，有时候则是因为看到孩子没有在打"堡垒之夜"的游戏而感到安慰。还记得加布里埃拉，本章前面出现过的那个焦虑的女孩吗？我第一次见到她和她妈妈的时候，她妈妈说："我一直对她说她非常棒，但她为什么还是觉得自己不够好呢？"

加布里埃拉的回答很典型："我是你的女儿。你当然会觉得我很好。"

"但你确实很优秀。布拉滕大夫，请您告诉她，她是多么令人赞叹。我知道她能考上哈佛或者其他名牌大学。她那么聪明！"

"你不懂。"我还没来得及说话，加布里埃拉就对她妈妈说道。

加布里埃拉和她的妈妈都没有错。加布里埃拉的确非常优秀，而她的妈妈也的确不懂，她不懂加布里埃拉的难处，也不懂不恰当的表扬会让孩子变得冷漠、懒散、对什么都不关心。

这可能并不符合我们通常的认知——表扬一个人，怎么反倒会害了他呢？但是，许多研究已经表明，错误的表扬——表扬一个人的聪慧、完美、天才——有可能是弊大于益

> 不恰当（如夸张）的表扬反倒会阻碍孩子的动机，哪怕您是出于好意。

的。表扬一个孩子聪慧（"你真聪明！""看看你的成绩！""你太机智了！"）容易降低孩子的自信。孩子总被表扬，就容易不愿冒险，

对于失败更敏感，面对挑战时更容易放弃。我发现，孩子越是痛苦，父母就越容易这样表扬孩子，有的时候他们的表扬甚至更可怕，他们会把表扬与孩子的失败关联起来："布莱德很有天分，他是家里最聪明的人，虽然从他的成绩上可能看不出来。"

为什么不能这样表扬孩子呢？因为这会让孩子觉得只有聪明才会被夸赞，于是孩子不再愿意学习，她会觉得自己应该不用努力就可以做得很好。孩子会感到，别人评价的是自己身上的标签，而不是自己的真实能力。比如，加布里埃拉不愿面对风险，尽量避免可能会被别人觉得"愚蠢"的场合，为此，她表现得对学业一点都不在乎，但实际上她非常在意。关于这种现象，我尚没有数据，但根据我的临床经验，大多数看起来对什么都不关心的孩子在至少一个（通常更多）领域中的才智与能力超出了平均水平。

但是，孩子都是希望被表扬的。正确的方式应该是夸奖他们努力、专注、决策正确。如果孩子的数学成绩突出，您就以此为话题，和他聊一聊愿不愿意第二年修一门难度更高的课程："你在格林先生的课上下了很大功夫。你的课业完成得非常棒，我真为你骄傲。你是怎么做到的？你想明年试一试难度更高的课吗？还是说，你觉得这门课就很好？"

不过，如果孩子在某些方面明显能力不够，那您可以直接告诉他，虽然这话可能不太中听。举个例子。希瑟上六年级了，她想进篮球队。她从来没有打过篮球，但她的好朋友是篮球队的队员，所以她也想加入。但是，一个季度都已经过了一半了，希瑟还是不会投篮。她的爸爸没有对她说她很棒，也没有责怪教练没让她充分训练，而是说："篮球队的孩子们已经打了一些年了，你的水平不如他们。这没关系的。我很高兴你愿意试一试,也很欣赏你抱着那么大热情去训练,毕竟打篮球那么难。如果你还想把球打得更好,我可以拿出更多时间陪你一起练。如果你不想打了,我们下次就不来了。总之你已经试过了,我为你骄傲。"

## 增加乐趣

我希望本章内容除了可以帮助您思考孩子的乐趣和冷漠,还可以让您了解如何增加乐趣、减轻冷漠。有些事情可以立刻着手,比如改变表扬的方式,有些事情则需要时间,比如挑选合适的学习环境。但是,不可能**仅凭一件事**就看到立竿见影的改变,**我在本书中一再重复这一点**。在这里做一点小改变,在那里多一些理解,为一些更富挑战的事项制订长期计划,随着时间的推移,所有这些事情都不会是徒劳的。

此外,您可以帮助孩子认识到生活中令他快乐的事情。我首先的一条建议便是,看看您自己生活中有多少快乐。如果我们自己不花时间去寻找生活的乐趣,孩子就更难找到乐趣了。这里有一些建议,供您参考。

- **请确保您和家人不要只看重孩子的付出和努力**。别误会,这些都是美好的品质,但是一旦一个家庭只看重付出和努力,那么这个家的孩子要么会过于看重努力做事而在小小年纪就非常疲惫焦虑,要么会对着看起来十分疲惫且不快乐的父母说"太好了，我不像你们这样，又累又不快乐"。另外，也要警惕过度劳累和过度玩耍的倾向，有时父母会用集中一段时间大吃大喝和放松（往往是过度的）来作为对孩子努力做事的"奖励"。这种倾向对冷漠的孩子尤其不好，这类孩子更容易受到过度放松这种倾向而非努力做事的引诱。生活不是在两极之间左右摇摆，这会让孩子失去两极之间的中间地带，而快乐往往来自这个中间地带。

- **和孩子一起做让你们快乐的事情。**在孩子年龄小的时候，这样做更容易，您可以给孩子读书，放音乐，或者做足疗。这样一来，孩子就更能知道他们为什么高兴。对于年龄大一些的孩子，当他说"妈妈，电视在播《南方公园》"的时候，您就不要再做自己的事了。您还可以带孩子做一些没有竞赛色彩的运动，比如登山、骑车等，或者开展有比赛意味的活动，但要以玩为主，别把胜负看得太重。

- **一家人一起吃饭。**一家人每天一起吃饭可以让家里的氛围更快乐。如果前面关于吃饭的内容说得还不够清楚，那么我想说，我真的希望用餐是快乐的，无论是在食物方面还是在谈话方面。当然，饭桌上可以聊聊社会事件，但社会事件的话题并不适宜每次用餐时。试着通过和家人一起吃饭来练习正念减压。要在饭桌上用餐，尽量别被手机或者其他设备打扰。以某种方式来表达感激。即便不能保证每餐，也要尽可能地多和家人一起共进晚餐，这可以帮助孩子发现快乐。

- **培养感恩之心。**心怀感恩是一项重要的能力，有益于身心健康，可以改善睡眠、缓解暴戾、减轻抑郁、建立自尊。让孩子试着说一说他每天感激的事情（可以在吃饭时），这可以让孩子更懂感恩。找到让孩子感兴趣的东西，帮他参与进去。给予有时会让我们更热爱自己的生活。大多数时候，我们所感激的事情正是让我们快乐的事情。

> 培养乐趣就是培养动机。

## 家庭教养 APP

现在，您已经了解了家庭教养 APP 中的两个要素——**天赋**和**乐趣**（见图 5），接下来我们去探索第三个——**练习**。但在这之前，让我们首先来看看"想一想、谈一谈、做一做"里面的一些观点。

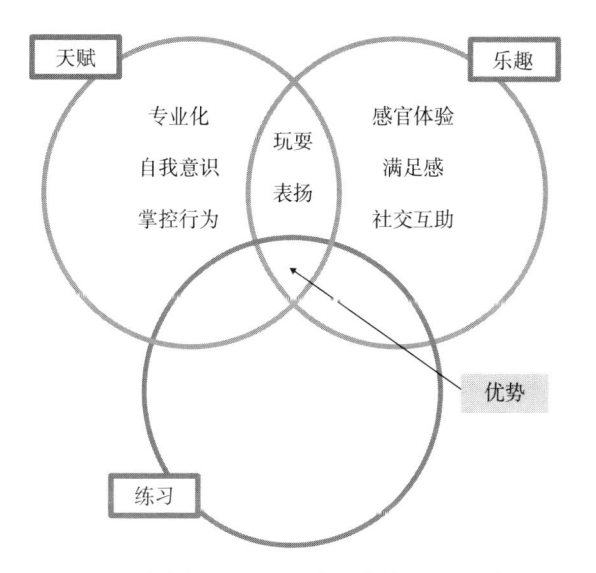

图 5　家庭教育 APP 示意图中的天赋和乐趣

## 想一想 谈一谈 做一做

### 💡 想一想

- 哪些事情能给您带来乐趣?如果您说不上来,请先想想哪些事情让您心怀感激。
- 思考完上一个问题,再想一想哪些事情能给您的孩子带来乐趣,哪些事情能同时给你们带来乐趣。
- 别忘了回味美好的时光。记下来孩子感到好奇和愉快的时刻。同时记下这两种感受可以帮您发现孩子喜欢的事情(有可能会减轻孩子的冷漠)。最好您还能从中发现孩子对此心怀感激。

### 💬 谈一谈

- 每次做完一个活动或者上完一堂课,和孩子一起回顾一下,让孩子想想这几个问题:
  - 你喜欢这次活动的哪一点?
  - 你觉得太难或者太容易吗?
  - 明年你希望有哪些变化?
- 问问孩子:
  - 你觉得哪些事情很难但你依然喜欢?
  - 你有什么期待?
  - 什么会让你兴奋?
  - 如果你可以从日程表中取消一个事项,你会取消哪件事？如果你可以添加一件事，你会添加什么呢？

### 📝 做一做

- 下次孩子再说自己无聊时，让他做做家务，或者让他自己找点事情做。如果您有足够的耐心，能忍受他花很长时间自己找事情做（这很不容易），那您或许会发现他容易被某些特定种类的活动吸引，比如户外活动，或者胡乱摆弄爸爸的旧贝斯。您能从中了解到一些信息用来帮助孩子设定目标（了解更多关于设定目标的内容，参见第九章）。
- 记录一下孩子的日常安排。您的孩子每天花多长时间看电子屏幕？花多长时间参加活动？睡眠时间有多少？还剩多少时间可以玩耍或探索？
- 和孩子一起做快乐的事情。
- 一家人定期一起吃饭（关于这一话题，可浏览以下网址：http://thefamilydinnerproject.org）。
- 练习表达感恩。
- 留心孩子谈论的其他孩子参加的活动，问问孩子："你也想参加这个活动吗？""这个活动哪一点吸引你？"

第五章

# 练习：孩子坚持做什么？

我们经常觉得**练习**不是一个好词，它会让我们想到六年级的长号课或者数学闪视卡，但我这里要讨论的不是这些。这里的"练习"指的是**做**，做那些你能做好且能带来快乐的事情。对于孩子而言，这意味着他们要**独立**去做。要想更好地理解这种练习，您需要观察在没有别人的督促时，孩子会投入多长时间做一件事。

孩子通过练习某项技能，可以提升控制力，培养相应的能力。比如孩子通过练习钢琴，不仅仅可以学习到演奏乐器的方法，还可以培养自制力、时间管理能力。他们要学习如何**表现自己**——令人信赖、持之以恒，这对于实现目标非常重要。不过，好处不止这些。练习一项技能会改变大脑结构。我们在学新东西时，比如学习骑自行车，大脑的不同部位间会建立新的连接。**髓鞘**（myelin）是包裹在神经细胞轴突外的一层膜，具有传导神经冲动的功能，学习新东西可以让髓鞘变厚，从而增强反应能力。当一个孩子在没有辅助轮的支撑下学习骑自行车时，在他的大脑中新的连接正在建立。

练习对于冷漠、懒散、对什么都不关心的孩子来说为什么很重要呢？这类孩子大多很少去练习他们喜欢的事情，这又反过来导致了他们动机的减弱。很少练习还会减弱大脑各区之间的联系，而这些联系本来是帮助获得技能和提高动机的。理解练习在孩子生活中的作用是非常重要的。首先，无论是做数学练习题还是练钢琴，练习会成为您和孩子的压力来源之一，如果您能知道什么时候练习是合适的，什么时候是没必要的，那么您的家庭压力就会有所缓解。其次，深入了解练习的积极作用能帮您掌握如何通过练习来激励孩子，让他们关注自己曾经喜欢的事物或者找到新的乐趣。

## 练习：天赋与乐趣一并化为意愿

**练习**一词听上去仿佛是在做很困难的事情，其实不然。练习是指我们定期重复做一件事。我们每个人每天都会练习做某些事，比如做饭、铺床、骑车。孩子在学校有许多任务需要练习，包括记住数学作业、学习绘画等。许多时候，我们的练习是在做一些已经掌握了的事，因而无须全神贯注，比如我们在练习弹钢琴时如果总是弹奏同一个级别的曲目，便无须思索，而这样的练习通常不会很有趣，也不会有效率。但是，还有另外一个思考练习的角度，关乎刻意练习。

**刻意练习**（deliberate practice）这一术语在心理学和教育领域愈发流行。刻意练习的反面是机械记忆（rote repetition）——一遍遍重复一项任

> 刻意练习的反面是机械记忆（死记硬背），没有人会愿意死记硬背。

务，直至学会为止。刻意练习是有意识、有目的的学习方式，可以让人学到新东西或增进所学。下面是刻意练习的一些关键要素。

- **刻意练习聚焦于困难的任务。**这不是像一分钟内做乘法题这样的任务，而是一些更困难的任务，比如完成一支难度很高的钢琴曲，或者掌握一种特殊的网球发球方式。
- **刻意练习需要全神贯注。**这表示孩子不能受到社交媒体、手机、朋友的干扰。您可以试着对孩子说这是他的"专属时间"。不要规定他**不能**做什么，而要告诉他拥有一段可以学习新东西的专属时间是多么美好。
- **刻意练习需要反馈。**这表示大人需要在旁边提醒孩子他哪里犯了错误。比如，孩子练习长除法，老师未必要陪着他写作业，但要在第二天检查作业对错。顺便说，这也解释了为什么作业不能布置得太多。如果数学作业太多，原本的刻意练习（有目的地完成两道题）可能会变成追求速度和死记硬背（做十道题，做完后记得第二天要带去学校，无论是否真的掌握了）。作业越多，老师深入的一对一反馈的机会就越少，可能只是打个分数而已，如果孩子做得不好，老师顶多会在作业最上面写一句"找我"。没有人会愿意看到老师在自己的作业上写一句"找我"，大多数要去找老师的孩子都不愿意寻求额外的帮助，因为他们已经错过学习的机会了，也因为他们总会感到羞耻（虽然老师一般都是好意）。
- **刻意练习不是一次性的。**刻意练习也需要**练习**，直至熟练掌握。区别在于，刻意练习聚焦的是目的，是有意义的。当然，孩子不可能总是能够发现刻意练习内在的乐趣,这没关系。要去鼓励孩子,告诉他练习是怎样带来变化的,告诉他您相信他有能力成功解决问题,您可以帮助他设计活动和练习,让他最大限度地施展能力。

您如果是老师,可以参考下面方框中的内容。

### 给老师的建议

虽然父母和孩子一起生活,但老师——可以是学校的授课教师、体育运动的教练、音乐老师、艺术老师等——才是指导孩子练习**什么**、**怎样**练习的人。如果您是老师,那您可能已经在按照下面的建议去做了,但是我还是有必要将这些建议回顾一遍,毕竟这些建议可以帮助班里懒散、冷漠的孩子们。

- 除非孩子需要更多信息以解决问题,否则不要给他提供信息。这可以防止他的压力太大,也能帮助他充分思考接下来该怎么做。
- 将一个复杂的问题拆解成几个小问题。比如孩子做一道代数题,要让他懂得每一步怎么解。
- 涉及多种练习时,孩子不会每一次都以同样的方式好好做出回应,可以把多种练习综合在一起。
- 应该先给孩子大量机会让他练习掌握解决问题的能力,再去测试他的能力。

- 在让孩子独立完成练习之前，应该先给他做示范。不少家长都知道，许多旨在练习的作业根本没有给出示范或例子。
- 同样，不要给孩子布置太难的题，您可能希望他练一练解题技能，但他**实际上还没有掌握这个技能**。练习是需要时间的，练习的内容不能太简单（或已经掌握），也不能太难（因为还没有学）。
- 每天练习一小点但能坚持下来，要好过每天做大量练习但不坚持。

## 究竟需要多少练习？

我们习惯性以为，在艺术或运动上有杰出成就的人，在童年时期会花很多时间练习。但研究表明，情况并非如此。相反，他们在还是孩子的时候并没有做过太多练习，随着慢慢长大，练习才逐渐增多。安德斯·埃里克森（Anders Ericsson）和他的同事研究表明，专业的小提琴家在童年时期每周练习不超过 5 小时，但到了 20 多岁时，他们每周练习 30 小时。当然，这个时候他们已经是职业演奏者，每周 30 小时也很正常。刻意练习需要极强的专注力，所以孩子不需要太多刻意练习，特别是一些会对身体造成负担的活动，比如运动。我们总认为如果孩子有踢足球的天赋，就应该每天练习，坚持几年。但我认为，这种误判会引发一些后果。我曾经接触过一些懒散、对什么都不关心的孩子,他们8岁左右的时候展现出了过人的运动天赋,但15岁时他们受了伤,或者并没有成功入选一流的队伍,大多数孩子会因这种失落而备受打击,也有些孩子感到自己的压力得到了释放。几乎所有来找过我的孩子都觉得自己没有目标了,有的孩子还觉得自己失去了同龄的伙伴。一旦出现意外,"花大量时间来练习是一件好事"这种想法将产生消极作用。而且,这样的童年未免太枯燥乏味了。

那么,究竟怎样的练习量是合理的呢?您可以阅读下面方框中的内容,其中我列出的一些指导建议,都是有数据支持的,这些建议可以为不同年龄段的孩子需要的练习量和作业量提供参考。许多关于练习的研究都以阅读为研究对象,因为阅读是最重要的技能,是学习的基础。

> 您或许想象不到,高中之前学校应该布置的作业究竟有多么少。

---

### 不同阶段的练习能力发展

学龄前阶段

- 在上学之前,几乎所有要掌握的技能都需要刻意练习——包括走路、说话、系鞋带等。不需要特意为孩子做一个"练习计划",因为他每天都会自然练习这些事情。
- 如果您的孩子在艺术、运动、音乐等方面展现出了特殊的天赋或兴趣,就让孩子享受其中的乐趣吧。要确保老师和教练懂得孩子的早期发展。对于大多数这个年龄段的孩子，如果给他们时间和空间，不给他们压力，他们就会发挥自己的天赋。让他们去做。
- 即便是世界级小提琴家，在很小的时候每周练琴时间也不超过 5 小时。对于这个年龄段的孩子来说，没有什么是他们必须要每周花超过 3 个小时去练习的，除非他们对此热衷。

**小学阶段（幼儿园至五年级）**[①]

- 对于低年级孩子（一到三年级）来说，作业作用不大，因为在作业上花的功夫和学习成绩关系不大。对于三到五年级的孩子来说，写作业所投入的精力和学习成绩有一些关系，但关系不强。总之，这个年龄段的孩子更应该在学校里、在老师的指导下进行练习。
- 至于课外活动，孩子在这个年龄段应该参与大量课外活动。当他刚开始参加一项活动时，他最好是对这项活动感兴趣，并且慢慢来。比如，如果孩子想学小提琴，不要上来就买一把琴，这会给他带来很大压力。此外，孩子还可以通过活动来学会遵守承诺。每天练习 15～20 分钟。孩子如果决定要学空手道，就应该坚持学整个学期，之后可以随时停止，但必须先学满一个学期。

---

① 译注：美国的义务教育采用 K-12 学制，即从幼儿园到十二年级，共 13 年。这里的幼儿园指学前一年。关于小学、初中、高中之间具体的年级划分，各州之间存在差异。

- 练习拼读有助于提升阅读能力，即便孩子有阅读障碍，也依然有效。出声朗读也有助于提升阅读能力。
- 要想扩大词汇量，可以通过在日常谈话中使用新词汇、读书、学习词汇表等方式。
- 复述练习（时间表、单词拼写）对于有学习障碍的所有年龄段的孩子都很有效。要在乐趣中练习，以游戏方式练习，这会让孩子在练习时更上心。

## 初中阶段（六到八年级）

- 对于中学生来说，每晚做作业的时间在1~2个小时（不超过2小时）有利于他们学习。
- 这个年龄段的孩子非常适合参加1项（最多2项）课外活动。对于刚开始掌握一项技能的孩子来说，每次刻意练习50分钟，每周5~7次就已经足够了。
- 要给不同的孩子布置不同的作业。比如，对于数学不太好的孩子来说，把问题拆分成几个小的部分，或者要求一步一步地解答，这种数学作业更适合他，而对于数学比较好的孩子来说，他更适合直接解答一道完整的题目，不需要展示解答过程。如果孩子正在学习比较复杂的概念（比如长除法），最好让他列出解答过程，这样就可以知道他在哪一步遇到了困难。但如果孩子已经掌握了这个概念，能得出正确答案，那么列出解答过程则会很枯燥，也没有必要，还会使他们学习的动机和对数学的热爱随之减弱。如果您的孩子做作业遇到问题，那您可以和她聊一聊，问问她觉得问题出在了哪里，为什么这里会出问题，再和老师聊一聊。

- 同样，有些孩子的写作能力相对较弱，他们适合练习写作技能，而对于那些擅长写作的孩子，则不宜给他们的作文作业设定目标。对擅长阅读的孩子来说，不为作业设定目标指的是"每天花 30 分钟读自己喜欢的东西"。如果孩子还不会阅读，那么这种旨在培养阅读兴趣的作业就不适合了。您如果知道您的孩子更适合不为作业设定目标而不是更需要练习，就可以和老师聊聊，调整一下作业要求，以便孩子更好地发展能力。
- 研究表明，一些旨在鼓励学生阅读（每天阅读 15～30 分钟）的计划对于提升阅读能力其实无甚助益，而且我认为这些计划对于培养阅读兴趣也没有帮助，因为我们都有这样的体验，有时沉迷阅读，恨不得一连几个小时都在读书，有时却一个字也不想看。要想培养孩子的阅读兴趣，首先应该让阅读成为生活的一部分。让孩子有机会接触到有价值的书籍，阅读一些优秀的、有趣的书，能在书中人物身上找到共鸣，这才是培养阅读兴趣的最好方式。

**高中阶段（九至十二年级）**

- 和其他年龄段的孩子不同，高中阶段的孩子每天用于写作业的最佳时长是 2 个小时。他们的作业应该要能帮助他们巩固正在学习的知识，并提供指导，比如在布置给他们的代数题前面要举例说明解题过程。
- 这个年龄段的孩子可以在自己的特殊天赋上多花些时间了，可以每天用一到两个小时练习乐器或运动；还应该把时间花在集体活动中（参加乐队、练习篮球）。
- 虽然旨在鼓励学生多阅读的计划的效果不理想，但可以试试让学生学习单词表里的新词汇。如果您的孩子正在读高中，不喜欢阅读，或许没有百分之百奏效的方法能帮助他阅读，可以让他试着听听有声书来学习新词汇，也可以观看比较深奥的电影和电视节目并和他一起讨论。要想孩子长大后热爱读书，最好的方式是父母热爱读书。听有声书和看电影、电视都与提升阅读水平相关，但我们还不知道父母阅读是否能直接带动孩子阅读，不过，大量阅读绝不是坏事，您可以在晚上、休假时或任何时候读书。如果您自己不读书，就不要指望孩子爱读书。

## 妨碍练习的事情

如果练习对孩子有好处，那他为什么不多多练习呢？为什么懒散、冷漠的孩子格外讨厌练习？原因很明显，学一项新东西，并定期练习，是很枯燥或者很难的，所以孩子不愿意练习。有许多东西会让孩子分心，有些很有趣，比如社交媒体、社会关系，有些很难，比如家庭压力、生病或者受伤。对于懒散、冷漠的孩子，还有一种原因，那就是，他可能从来没有体会到通过练习取得成功的滋味。他被人要求去练那些他不想做的事，当取得进步时也没有得到合适的反馈，所以他觉得人们对此并不感兴趣。在小学阶段，练习大多涉及做作业，但如果孩子有学习障碍但还没有被确诊或治疗，他可能会认为练习是一种徒劳。"既然没用，何必去做呢？"我之前说过，这里需要重复一遍：如果您认为孩子有学习障碍或注意力障碍，请务必留心。如果孩子根本不明白，或者根本无法专注，那么在这种

> 您的孩子有学习障碍吗？如果孩子被迫去练习那些他做不到的事情，那么他感到消沉，并以冷漠应对是非常正常的。

情况下去做练习，就好比让视力不好的人摘下眼镜站在教室最后一排朗读黑板上的文字，不管怎么努力都无济于事。他们会消沉、会低落，会逐渐变得懒散、冷漠、丧失动机。

此外，研究还发现了两个妨碍练习的因素：错误的动机类型和过满的日程。

**驱动孩子的方法正误：内在动机与外在动机**

父母如果想让孩子增加练习，往往会表扬他们，或者给他们一些较大的激励。这种动机即**外在动机**，靠外界因素驱动。与之对应的是**内在动机**，它在我们的内心之中生成。外在动机和内在动机会对孩子的行为及目标产生不同影响。

外在动机源于我们希望获得奖励或避免危险。比如，我们并

不喜欢自己的工作，但为了薪酬依然坚持出勤，或者我们虽然很累，但因为不想听到伴侣抱怨，还是清理了垃圾。并非所有的外在动机都是负面的。我们都需要外界力量的推动，孩子也不例外。一些孩子为了荣誉而参与运动，为了奖学金而竞争，为了好成绩而努力学习。当内在动机不足时，我们依靠荣誉和薪酬来克服困难。做同样一项任务，我们既可以被外在动机驱动，也可以被内在动机驱动。孩子参与运动，可能是因为他能感受到乐趣。我们清理垃圾，可能是因为我们喜欢让自己的房间保持整洁。孩子努力学习、勇于挑战，可能是因为他热爱某门学科，喜欢解答谜题。

研究表明，有的时候虽然外在动机与内在动机共存，但如果内在动机已经很充分，外在动机的出现便会减弱内在动机。对此，在心理学领域有一个专门术语：**过度合理化效应**（overjustification effect），指当我们已经有了足够的内在动力，却又被赋予了过多的外在奖励，**我们的兴趣便会减弱**。这个概念对于各个年龄段的孩子都适用，**给予孩子外在奖励，可能会让孩子认为这件事情本身很无趣**。

> 当孩子已经有了足够的内在动力时，要慎重考虑是否给孩子外在奖励——外在奖励可能导致孩子失去兴趣。

如果孩子看上去对什么都不关心，您很可能会尝试一切常见的外界激励——金钱、便利条件、社会关系、衣服、游戏，等等。您或许完全不知道该怎样表扬孩子，所以每次表扬的时候都看起来虚情假意或过度夸张。您觉得孩子的内在动机不足，所以会去增加他们的外在动机。但是您会发现，您希望通过奖励来让他们做某件事，甚至只是**随便做一件事**，结果都未能如愿。

**培养内在动机**

不过，您可能会觉得关于内在动机的理论没有什么说服力，似乎只有当孩子确实真的在关注某件事情的时候，内在动机才起作用。一位曾经依赖对孩子进行外在奖励的家长，要想变得不再仅凭外在奖励来激励孩子，是有些冒险的，因为家长的掌控感减少了，逐渐失去对孩子的掌控会令人感到紧张，家长会十分担心一旦不再把奖励挂在孩子眼前，孩子就会一无所成。对此，我的建议是，要一步一步来。下面我给出一些具体的方法，帮助您从依靠外在动机转变为培养孩子的内在动机。

- **和孩子聊一聊目标。** 在第九章我会详细讲解为什么树立一个目标对于改变孩子的懒散、冷漠很重要。有动机的孩子都有目标，他们希望取得高分、赢得球赛的奖杯、考上医学院，等等。目标是我们之所以关心一件事情的理由，而最好的目标来自我们的内心。和孩子聊一聊未来，这样可以帮助他们**关注**未来。问问他们想要什么，想怎样度过自己的人生，想在一周、一个月或者一年的学校学习中学到什么，想参加哪些活动，想拥有怎样的朋友和能力。**不要评判**。您和孩子的兴趣点或许大相径庭。要鼓励孩子追求自己的幸福，让他对自己所爱之事提起兴致。

- **发现孩子所做的正确的事。** 如果您的孩子对一切都不关心，您一定很想知道究竟哪里出了问题。您的女儿按时上学了吗？按时交作业了吗？当她说要去睡觉时有没有真的去睡觉，是不是凌晨两点她的社交账号仍然在线？如果您意识到自己出于担心而总是埋怨孩子，那么请试一试忽略掉那些无关痛痒、不会带来危险的行为。可以在孩子做得好的时候**多多表扬**孩子。改变和孩子沟通的方式，告诉孩子他所做的是对的，忽略那些生活中潜移默化的规则。不要随便埋怨孩子，把唠叨留到真正有必要的时候。忽略不当的行为其实是杜绝此类行为的**最佳**方式，只是没有被多少家长采用过。

- **告诉孩子，成功可以培育成功**。在学习时，我们难免会遇到困难而想要放弃。当孩子有这种感觉时，要对他们强调：通过练习，一切都会越来越好。如果孩子发现不了自己的进步，您可以帮助他们去切身感受。帮助孩子树立微小的可实现的目标，这样更容易让他看到自己的成功。

- **帮助孩子找到他的内在动机，让他去选择**。孩子如果对一切都不关心，可能不会觉得学习本身是有乐趣的。他的爱好可能很小众，比如击剑、空手道、下棋、戏剧，或者他对别人都在做的事情不感兴趣。多给他一些空间，**不要评判**（之前已经提到过）。如果他自己没有想法，可以给他一些选择和思路让他先着手去做。如果他选不出来，也许世界上没有任何事情能让他感兴趣，那么他可能有一些更严重的问题。请参考第十一章。孩子之所以会丧失做所有事情的内在动机，可能有许多因素，比如抑郁症、焦虑症等。如果是这样，您应该首先找到原因，然后寻求合适的治疗方案。

- **不要给孩子太大压力**。如果孩子对您说他对某件事感兴趣，不要期待他能为此努力、做得多么出类拔萃。不要只因为他喜欢在视频网站上发布自己做的短片就跟他说他会是下一个斯派克·李[①]。很多孩子之所以对什么都不关心，是因为当他们只是拍下家里小狗的照片发在网上时，他们的父母就会觉得他们是摄影天才。最应避免的外在动机就是告诉孩子他会成为某个人，这几乎不会发生，更不可能在短期内发生。如果孩子只是做了一点点工作或者展现出了一点点天赋就得到了过分的表扬，他的兴趣几乎会被泯灭。许多对什么都不关心的孩子，他们的父母会因为他们做了一点小事就过度表扬（而且往往是刻意的表扬）。如果您也有这种问题，不用担心，这其实很容易改变。

**什么时候需要外在动机**

外在动机不见得都是负面的，特别是在我们需要完成一项无趣的工作，以及我们想鼓励别人对一个新东西产生兴趣的时候，外在动机往往很有效。我在下面列出了一些适宜运用外在动机的场合。

- **当您想让孩子试一试那些他可能会感兴趣的事情时。** 有时候，您可能隐约感觉到您的女儿会喜欢体操，但她并不想尝试，这时您可以和她说如果她去上一节课就给她买冰激凌。不过要记住，如果她确实喜欢体操且每周都去上课，不要让这个成为每次课后吃冰激凌的理由。大多数孩子对父母的需求是很敏感的，而且父母感觉孩子可能会感兴趣的事与逼

---

[①] 编注：斯派克·李（Spike Lee），美国电影制作人、导演、编剧、演员。

着孩子去做他们觉得孩子应该做的事完全不同。要时刻留意您自己的期待，留意您是在给孩子提供外在动机还是在施加压力。

- 当孩子在某些时刻必须做一件事，但他又不愿意做的时候。比如学校布置了一个比较大的任务，或者房间要在奶奶来之前打扫干净。这种时候父母可以给孩子提供一些外在动机。这也是为什么人们往往是在修剪草坪之后而非之前觉得自己有资格享受一杯啤酒或苏打水。
- 当您希望孩子知道她所做的事情值得被注意的时候。无论是考试取得好成绩，还是比赛获胜，或是学习付出了努力。庆祝所取得的成就，提出表扬，这些都可以增强孩子的内在动机。奖励越是惊喜，就越有效，比如您决定点一份比萨来庆祝家人的好消息。不过要记得，这个方法不能频繁使用，因为您一定也不希望奖励会被人提前猜到。

**要培养内在动机，什么样的反馈最有效？**

身为父母，您可能总觉得自己说错了话。您想帮孩子，但孩子觉得您是在批评他。您给孩子一些奖励，但并不起作用（现在您应该知道为什么了）。您告诉孩子您喜欢他做的事情，但他却告诉您他一点也不喜欢。这就是为人父母的天性。而回避问题（"好吧，我不再说了。"）或者模棱两可的回答（"好的，这也可以。"）没有什么用。下面列出的一些方法，您或许会觉得有所帮助。

- 如果孩子无论做什么都达不到您预期的标准，您可以在和孩子交谈时给出反馈。比如，您想让孩子整理房间，就要先看看他做了什么:"你把书都放回书架上了。"同时看看还有哪些可以改进:"我看到你的床上还有很多衣服,你得把衣服挂起来。"然后给一些解决方案或者帮助:"需要我帮你挂衣服吗?""你做得很好。如果还需要衣架的话跟我说。"

- 反馈主要针对孩子而非父母。要帮助孩子想想有什么解决问题的策略:"这个方法对你有用吗?"
- 让孩子通过您的反馈来思考他们的进步和感受:"你的房间看起来很不错。你觉得呢?"

不管您采取什么样的办法,一定不要和孩子刻意地聊关于动机的话题。和孩子聊他付出的努力,告诉孩子他应该更加努力,这些都起不到什么作用。所以**不要这样做**,也不要请老师或者其他人去和孩子聊这些。事实上,很多父母都想让我和孩子聊一聊动机。

> 一味地和孩子说要更加努力并不会促成他们行为的改变。

有一个很好的例子。泽维尔13岁,有ADHD,他每天都在打游戏,几乎不花时间在作业上。我对泽维尔进行了评估,把结果告诉了他的父母。他很聪明,但执行功能方面有障碍——专注力、组织力、自我管理能力(参见第一章),这些能力可以帮他挖掘自己的潜能。

他的父母跟我说:"您能和他聊聊吗?他会听您的话。请您告诉他,他很有潜力,只是要再努力一点。他喜欢您,如果您告诉他他能做到,他就会去做。"

"我也希望我和他聊聊能有用,"我对他的父母说,"但是他不会仅仅因为我和他聊了就会改变。我们可以一起讨论,关注他的未来，让他知道他是有潜力的，让他知道我们有一些办法，并且我相信他自己可以理解许多事。我还会让他想一想他自己可以做出哪些改变，以及哪些事让他觉得开心并有成就感。"

父母往往期待一个简单的解决方案，而我说的这些并不是一般父母的期待，但泽维尔确实从中收获了一些理解，树立了几个目标。他的父母也明白了单纯和孩子谈论动机并不会奏效。四年后泽维尔来找我复查，当时他马上要去上大学，他的父母承认，泽维尔的成功应归功于适当的帮助和正确的动机，以及我们给他空间让他自己找到属于自己的热情并树立切实可行的目标，而这些与围绕动机的谈话和外在奖励无关。

**日程过满**

在前文中，我提到过有两个因素会对练习产生妨碍。一个是错误的动机类型，另一个便是过满的日程。一个具有关注力的孩子，日程往往安排得非常合理。无论是幼儿的睡眠时间，还是初中生的写作业时间，合理的日程会让孩子觉得自己可以掌控生活环境，能知道当下在做什么、明天应该做什么。一个稳定、**合理**的日程表会让孩子有安全感，让他觉得舒服，不会担心未来不可控，也不会担心发生预料之外的事情，所以他们可以更投入地学习。无论在家中还是学校，稳定性都可以促进健康的人际关系、归属感及自信心的养成。

我在这里强调**合理**的日程表。这种日程表可以帮助孩子建立规律的生活和终生的习惯，比如良好的睡眠和饮食。日程表往往能描述全局，包括日历上每周的活动、生活习惯、完成日程所需的步骤等，制订日程表应该充分考虑到孩子的年龄。对于幼儿，每晚 7 点半就应该上床睡觉，中午还应该有午休时间，早上要去逛公园，三餐时间要规律。生活习惯包括睡前要讲故事、从公园回家后应该把外套挂起来等。一个 12 岁孩子的日程表要包含上学、参加活动、和家人或朋友相处等。12 岁孩子的日程表可以多种多样。一旦日程表过满，一些生活习惯，比如常规的睡眠时间和三餐时间就会被压缩。

许多在 14 岁时开始丧失动机的孩子，往往在 6 岁的时候其日程表就已经排得非常满了。对此有许多书籍和文章进行探讨（参见电子资源），如果您的孩子有这样的问题，您可以去读一读。我现在之所以提这些，是因为这对于练习和乐趣来说是一个很大的阻碍。如果孩子的日程太满，他们自然会对一切都不关心，他们的生活太累了，压力也太大了。当然，完全放弃生活并不是最佳的解决方案，但对于青少年甚至更小的孩子来说，还有什么别的选择吗？

> 过满的日程表会妨碍到练习，也会妨碍到乐趣。

人们如果把日程表排得太满，往往不会快乐，总是四处奔波，三餐吃得匆忙，没时间睡觉，花很多时间追求一件事，却得不到掌控感。如果一个孩子在小学时其日程表就满满当当，那他上高中之后往往会出现两种倾向，一种是依然把生活排得满满当当，另一种则是彻底放弃。对于青少年来说，日程表排得太满有很多害处，可能会导致焦虑、饮食失调、抑郁。这种孩子酗酒和滥用药物的概率很高。我在和他们聊天时，总能听到他们说："我想要放松。"这其实是在说："我有太多事要做了，这是我最好的放松方式。"

这对孩子来说意味着什么呢？这次我不打算用我接触过的孩子举例了，我想直接分享自己的经历。或许您和孩子可以从我的这段经历中获得思考。

**为什么日程过满会让孩子厌恶自己本来感兴趣且擅长的事情——我把自己当作 12 岁初中生的经历**

我在写作这本书的时候，正值 COVID-19 蔓延全世界。您或许还记得那时的样子。我们停止了线下办公。有些父母觉得自己不适合在家教育孩子。许多人面临药物问题，生病，甚至失去了重要的人。我们都用了很长的时间恢复正常生活。在那段最难的日子里，我很幸运，我的大部分工作都可以居家完成，我还拥有了更多的空闲时间，至少每天不再需要通勤和搭配服饰。而我把自己当成一个普通的美国 12 岁初中生，重新安排自己的日程。我在日程表里加了许多课外活动，每周 2 次西班牙语私教课、一个学期的电影剧本创作课、刺绣课、锻炼、读书会等，所以我很忙，几乎每天下班后都有事情要做。这还不算每周末的会议，我们在会上讨论的话题五花八门，既有如何创作伟大的小说，又有怎样自己做美甲（有一些关于这个话题的讨论会）。我对这些非常用心（本书的编辑可以证明，我的写作节奏因此而放慢了）。

我从自己身上学到了一些东西，也适用于孩子。首先，有不少父母都听到过这样的建议："别用力太猛，选一两样活动参加就好，要坚持下来。"而实际上，很少有父母遵从这种建议，他们很少愿意停下来去想一想，如果他们自己每天下班后都要再去参加活动，他们的生活将会是什么样子。非常疲惫。而我尚且不需要花 30 分钟开车通勤。即便很多课都很有趣，我也无法放松，我总觉得自己被落下了，有好多事情要赶。每天下午 5 点半上西班牙语课，7 点半参加线上读书会，第二天早上 6 点半就要起床健身，这确实太难了。但是，我们正是这样要求孩子的。这确实会让那些本身很有趣的事情变得无趣。

这个经历还让我重新思考了家庭教养 APP。比如，我没什么语言天赋，但出于许多原因，我希望可以用西班牙语与人交流。于是，虽然我没有天赋，但我经常练习，学西班牙语也变得越来越有趣，因为我逐渐理解了我所做的事。随着练习增多，我学习语言的能力也逐渐增强。但是，一旦我还有别的许多事情要做，我便没有那么多时间来练习西班牙语了，练习量不够，导致我难以有所收获。如果有时间练习，我就可以掌握得更多，但我周二晚上还要参加读书会，我还要为此而读书，所以我不能每周四天练习西班牙语。而因为我还有许多其他事情要做，我从学习西班牙语中获得的乐趣也降低了。同理，我们可以想一想孩子的日程表。有的时候孩子只是不想练习，但有时候他是太累了或者太忙了。孩子刚刚开始参加一项有难度的活动的时候可能是很享受的，但一段时间之后，他们逐渐丧失兴趣，因为没有时间练习，也就没法感受到乐趣。这就是为什么日程太满会妨碍孩子找到自己擅长的活动。

奥普拉[①]说过："你可以拥有一切，但不可能马上拥有。"虽然这话是针对成年人的，但也适用于孩子。孩子可以用一生的时间来

---

① 编注：奥普拉·温弗瑞（Oprah Winfrey），美国《奥普拉脱口秀》的主持人和制片人。

学习各种美好的事情。要给他足够的空间和时间让他享受学习，在学校之外有一两种特长。我短暂地做了一回 12 岁的孩子，我的亲身体验告诉我，在一段时间里只专注于一到两件事，会发现其中更多乐趣，也会更有收获。

**如何判断日程是否太满？**

经常有父母问我："孩子放学之后怎么安排比较合适？"父母这么问的时候往往已经知道他们给孩子安排得太多了，但他们不敢去改变，因为他们担心孩子会被社交团体抛弃，或者当不成下一个小威[①]。父母送孩子去学网球、棒球、芭蕾、空手道，他们想让孩子全面发展，发掘兴趣，增强竞争力，多交朋友。

但问题在于，孩子的日程如果太满，那么这些目标一个也实现不了。没错，孩子交到了朋友，但通常是点头之交，赛季结束，朋友也再不相见；孩子提升了能力，但代价可能是由于过度运动而受伤；孩子看上去全面发展，但研究表明他们大多不会成为空手道大师、网球明星、钢琴家，更难以同时成为这几者。这些课程可以培养的能力是纪律性、对音乐终生的兴趣、锻炼身体的好习惯等。要选孩子真正感兴趣的课程，这对孩子的一生都有好处。帮孩子做选择时，请记住这些。

您如果不知道孩子的日程是否太满，可以观察以下几点。

- 如果孩子对曾经热爱的活动**失去了兴趣**，这往往预示着孩子的日程太满了。孩子 6 岁的时候那么喜欢铃木小提琴，但现在

---

① 编注：塞雷娜·威廉姆斯（Serena Williams），美国女子职业网球运动员。

每周还有其他四项活动要参加,没有时间练琴,那到他8岁的时候是不是就会讨厌小提琴了呢?是不是每次练习时都充满抱怨呢?

- 比丧失兴趣更严重的是心力交瘁——孩子完全不关心任何课外活动。虽然这可能代表有更大的问题,但大多数孩子心力交瘁(看起来厌恶一切,暴躁易怒)的最初表现是疲劳和缺觉。
- **睡眠和饮食发生了变化**,特别是即便白天没有睡好,夜里依然会失眠。
- **身体出现一些反应**,比如胃痛、头痛,或者身体没有问题但总会感觉到疼痛。
- 一旦有时间就会坐在电视前出神,因为他们太累了,没力气做其他事。
- **在学校的表现有了变化**,比如开始不完成作业,成绩下滑,因为他们没有足够的时间写作业,或者压力太大难以适应。
- **所有家庭成员经常感到压力很大**,您也会担心自己精疲力竭。您会因花在孩子身上的时间和金钱而感到暴躁吗?如果是,那么您需要重新评估一下自己和孩子的生活,看看哪些才是最重要的。

那么,如果您的孩子因日程太满而对一切都不关心,您可以做些什么呢?而如果孩子对一切都不关心且已经没有了任何活动安排,您又可以做些什么呢?答案是一样的:和孩子聊一聊,听听他们想说什么。如果您正在思考要给孩子保留哪些活动,放弃哪些活动，那么请和孩子一起讨论。选择一到两项活动，坚持下来。如果您看到别的孩子都在练体操，担心自己的孩子被落下，那么您可以私下悄悄问问那些练体操的孩子，他们是不是喜欢体操，或许他们父母的想法和您的一样，也是担心自己的孩子被落下。如果孩子之前的日程安排得很满，现在却什么都不做了，那么您可以和孩子聊聊过去。这样的孩子通常是初中生或高中生，您要对他敞开心扉，他喜欢大人能承认自己的错误，特别是有意犯下的错误。和他聊聊未来的目标，他五年之后想成为什么样子，他喜欢什么。我之前说过，有许多相关资料可以作为重新计划家庭生活的重要参考。如果您需要一些想法，可以找些资料来读一读，我把它们作为电子资源放在平台上。

> 如果一位中学生因为日程太满而丧失了对所有事情的兴趣，父母要承认错误，和孩子聊一聊，听听孩子想要什么。

## 让练习变得有趣

无论您是只需要稍微推动孩子去练习，还是要帮助孩子做计划并鼓励他练习，您都需要记住如下建议。

- **让练习变得有趣**。如果孩子在学习芭蕾，您就带孩子去看芭蕾演出。同样，如果孩子在学习运动、音乐或者艺术，您就带他们去看现场比赛、听音乐会或者参观画展。在练习之余参加这些有趣的活动，既可以让孩子享受活动本身的乐趣，还可以让他看到自己付出努力后可以取得怎样的成就。

- **给予孩子练习的时间和空间。**在安排日程时，要让孩子在练习时间不受干扰。有时候，让孩子自己待在乐器跟前，就很有帮助了。有些作家很喜欢每天花一个小时坐在电脑前为写作做准备，他们认为这也是写作的一部分。有时候，人们会觉得自己还没有准备好开始练习，这种情况下，花时间思考就可以了。要允许这样的事情发生。可以制订一个计划，每天留一点时间坐在钢琴前面。如果孩子只是坐着不出声，或者乱弹一通，也是好事。
- **练习可以让人变得更好**，甚至变得完美。熟能生巧，这句话几乎是个真理。当孩子心灰意冷时，我们以此鼓舞他，同时还可以提醒孩子他已经付出很多了。您也可以为自己找到热爱的事情，并花时间去练习。孩子会模仿他们在生活中所见到的。

## 家庭教养 APP

图 6 就是完整的家庭教养 APP 示意图。您如果还没有填，可以花时间想一想。把孩子的性格和行为写下来，可以让很多事情更清晰，更有条理。要留意各部分交集的地方。

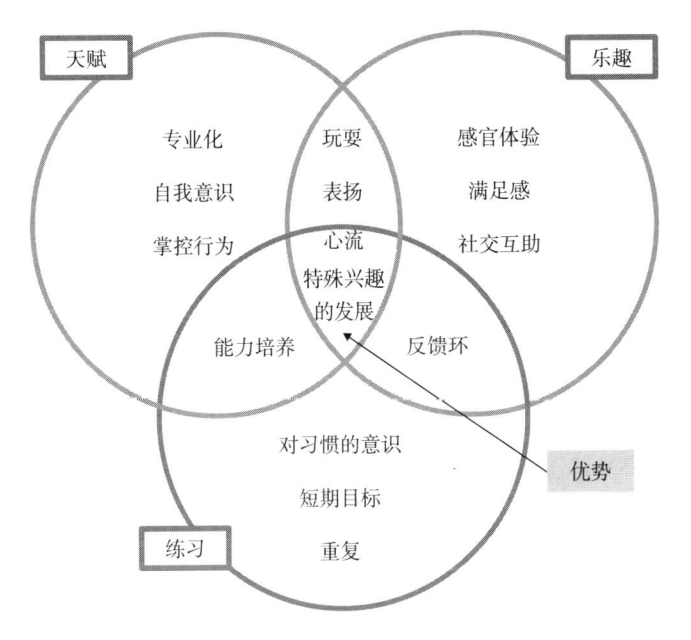

```
         天赋                              乐趣
          专业化      玩耍        感官体验
          自我意识    表扬        满足感
          掌控行为    心流        社交互助
                    特殊兴趣
                    的发展
            能力培养      反馈环

                   对习惯的意识
                   短期目标               优势
          练习      重复
```

图 6　完整的家庭教养 APP 示意图

---

### 想一想　谈一谈　做一做

#### 💡 想一想

- 哪些活动是孩子愿意再参加而不需要大人督促的?
- 您的孩子通常会从您这里和其他大人那里得到怎样的反馈?
- 当孩子需要做练习或做作业的时候,他的计划是怎么安排的?强度是否合适,有没有太高或太低?

- 您通常会给孩子什么样的奖励？您可以让孩子顺利找到自己的内在动机吗？您会给孩子哪些外在奖励？这些奖励合适吗？
- 孩子的日程有没有被排得太满？有哪些是可以改变的吗？

### 谈一谈

- 问问孩子：
  - 你喜欢把时间用在什么事情上？有没有什么事情是你喜欢反反复复做，从来不知疲倦的？
  - 你希望能从这个星期、这个月、这一年的学校学习中收获什么？
  - 你喜欢什么类型的作业？讨厌什么类型的作业？
- 和孩子聊一聊哪些事情需要您"推"他一把（外在奖励），想一想他会怎样完成这件事，什么样的奖励是合适的。
- 列出孩子一周所参加的活动，和孩子就此聊一聊。可以问这些问题：
  - 你为什么喜欢这个活动？
  - 你希望这个活动有怎样的变化？
  - 表中有漏掉哪些活动吗？还有哪些活动是你希望参加却没有在表里的？
  - 你想要删去哪些活动吗？

### 做一做

- 练习后给孩子反馈,以培养孩子的内在动机。
- 如果您的家庭日程排得满满当当,请改变您的生活状态,减少您的压力。
- 提醒孩子什么是练习的"终极目标"。
- 如果孩子在某项活动中找到了内在动机,请不要过度表扬或施加压力。
- 请让全家人(不仅仅是孩子)花时间读书或者听有声书。阅读能力和词汇量的缺失,会在孩子寻找自己感兴趣且想要尝试的活动时限制他的选择。

## 第二部分

# 了解彼此

第六章

# 贵在认知，了解孩子的独特品质

本书的第一部分主要讲述了家庭教养 APP——天赋、乐趣、练习。从这些概念入手，我们可以了解为什么很多孩子会变得对什么都不关心。在讨论这些概念的同时，我们也给出了一些建议。在之后的第三部分，我还会给出具体技巧来帮助丧失动机的孩子找回动机，这些技巧已经在实践中得到了证明。现在，我们会聊一聊具体的孩子，每个孩子都有着自己独特的性格，我们也会聊一聊您的性格和期待。在第六章到第八章我会探索这些因素。我需要先表明，这些因素都不是简单的。一种独特的性格也好，一次具体的事件也好，都不会导致孩子丧失动机。但是，理解这些因素可以帮助您理解问题的潜在原因，还可以帮您确定解决方案。

有些因素在孩子一出生时就能看出来，而有些是随着时间逐渐发展出来的。孩子的性格会影响到我们对孩子的评价。有时候孩子和父亲或者母亲的性格很像，有时候则不是太像。通常而言，对什么都不关心的孩子的性格属于后者，既不像父亲也不像母亲，还不像家里其他人。不过也有例外。有些孩子小的时候一切都很顺利，等孩子逐渐长大，也开始遇到很多困难。无论如何，您的性格和孩子的性格都是很重要的原因。

这三章将是沟通家庭教养 APP 和解决方案的桥梁。在本章中，我们将一起探索气质和性格在动机和教育方式中起到的作用。在下一章，我将探讨父母和社会的期待如何导致孩子放弃。在第八章，我将阐释父母的教育方式可能会造成孩子丧失动机，以及我们对于教育方式的认知会有助于我们找到解决方案。

## 气质如何影响动机

孩子对于不同环境的反应有很大差别。您可以观察一下开学第一天的学前班教室，有的孩子早早冲进教室，有的孩子则会等等，看先进入教室的孩子会遇到什么，还有些孩子黏着父母不愿意进教室。小孩子对于周围世界的反应是很复杂的，由生理、环境、学习等因素共同作用产生。其中的生理因素被称为**气质**（temperament）。20 世纪 60 年代，精神病学家亚历山大·托马斯（Alexander Thomas）和斯泰拉·切斯（Stella Chess）最先开拓了针对气质的研究。他们的研究表明，孩子之中存在三种气质类型：**容易型**（easy）、**困难型**（difficult）、**迟缓型**（slow to warm-up）。之后，研究人员扩展了气质的定义，纳入更多内涵，比如情绪和注意力反应、对环境的反应。虽然我们通常认为婴儿的气质是由基因决定的，而且相对稳定，但是孩子之后的反应和行为很

> 您可能会用某种气质来形容一个婴儿，但几年后他的成长经历或许会让他变得与您当初的描述完全不同。

大程度上被环境左右。随着年龄增长，我们的气质愈发不稳定。

> 气质是指我们的行为模式，它可以决定我们面对不同环境时会做何反应，如何表达及调控我们的情绪。对于是否能通过性格预测我们会成为怎样的人，专家尚未达成一致意见，但当我们在谈论气质和儿童行为时，我们谈论的是活动水平（activity level）、注意力的转移（distractibility）、适应性（adaptability）、敏感度（sensitivity）和心境（quality of mood）。

想改善孩子对一切都不关心的问题，为什么需要把气质纳入考量呢？这是因为，在您还没有开始思考作业的完成情况是不是影响了家庭生活的时候，一些让您痛苦的事情就已经发生过了。您如果能考虑到孩子的气质，就可以更好地和孩子交流互动。比如，如果您的孩子对于新事物的适应能力较低，他往往就会因生活中的变化，特别是突然的变化，而产生比较大的困扰，倘若如此，您可以帮他制订一个比较稳定的日程表，如果有变化提前告诉他，这会减少他的负面情绪。同样，如果您的孩子比较爱生气，而您也知道这一点（并记住这一点），您就能更好地帮助孩子，让她处于一个不会举止过激的环境中。

举个例子。安迪 6 岁的时候，我第一次见到他和他的父母。安迪是家里的第二个孩子，他还有个姐姐叫艾米，艾米是个"容易型"的孩子，容易被了解，能保持冷静。"我们可以带她去所有地方！"安迪的妈妈对我说，"后来我们有了安迪，就哪里都没去过了。我们很爱安迪，但我们的家不再是原来的家了。我们没法出去旅行，因为安迪很挑食，如果没有他爱吃的，他根本就坐不住。"

安迪的父亲补充道："他不仅仅挑食，他对所有东西都很挑剔。他的袜子必须合适，衬衫的商标必须剪掉，所有一切都必须做得完美。这些都会分散他的注意力。到了该写作业的时间，他却花半个小时让自己袜子的接缝完美贴合自己的脚趾。我让他自己待在房间里，我以为他在拼写单词、造句，但他一直在摆弄他的袜子。我不知道该怎样才能让他关注那些重要的事情。"

我请他们跟我讲讲安迪婴儿时候的样子。"用一个词来概括，很难带，"他的母亲说，"我几乎没有办法找出他的生活规律。有时候有一点点声音他就会醒，但有时候只要我不叫他，他可以睡一整天。似乎所有的事情都可以把他惹火，无论是辅食的口味不对，还是告诉他时间不早了不要再玩了，他都会发脾气。"

安迪的气质听上去不容易相处。随着他的父母和我讲得越来越多，我了解到，安迪无法适应新变化的倾向在开始上学之后反映在方方面面——适应不了新老师、新同学、新任务。安迪对此的处理方式是不去理会。一个难相处的、高度敏感的孩子变得对一切都不关心，他的父母非常担忧。

气质通常在孩子发展的早期就可以显现出来了。有些孩子表现得很明显，以至于他们还不到一两岁就已经被人贴上"害羞""外向"或者"难相处"的标签。这种标签可以影响孩子日后的发展。如果您或者其他亲戚、朋友、老师使用了这样的标签，请一定要改变，想想其他描述孩子的方式。许多家长在对我形容他们的孩子时使用了"固执""难相处""麻烦""棘手"等词汇，这些词汇对我来说是有用的，可以让我理解他们的家庭情况和过往，但对于老师来说，这些词汇没有什么好处，因为老师会和孩子一连几年朝夕相处，这样的形容会从一开始就让老师对孩子产生消极的看法。这类标签甚至可能会在日后造成孩子在行为和情感上的困难，特别是导致动机的丧失。之后，在形容安迪喜欢让事情一丝不乱时，安迪的父母逐渐用"**敏锐**"一词代替了"**挑剔**"。随着安迪逐渐长大，他接纳了自己的这种性格。后来，他发现他其实喜欢很多种食物，只是他在品尝食物之前需要先检查一下——看一看、闻一闻。他知道自己不是**挑剔**，而是**敏感**、**敏锐**，曾经的消极也被积极取代。当然，这并不是让安迪变得不再对一切都不关心的唯一原因，但这确实对他造成了影响。我见过许多孩子，他们在青春期的后半期还很挑食，或者睡眠很浅，他们被形容为"**害羞**""**迟钝**""**不友好**"。如果您觉得自己是个"不友好"的人，您当然就很难对任何事情提起兴趣。如果您的孩子还被这样的标签困扰，那么即便您遵照了这本书的所有建议，也将无济于事。

无论您的孩子是 3 岁还是 17 岁，改变形容孩子气质的方式都为时不晚。其实，错的不是您的形容，而是这些标签自己就有生命力。您或许

> 对于气质的负面描述会影响孩子日后的发展。

能想到 50 种对孩子的形容，但扎根在想法中的往往是负面的那些（有时甚至在孩子长大成人后依然难以忘却）。表 7 中列出了一些形容词，在您使用一些常见的描述孩子性格的形容词时，不妨试着用这些词来代替。

一个词即便再消极，也有其积极的一面。如果孩子知道自己脾气不好也没什么，与其告诉他："你太容易发脾气了，家里人都因

为你而战战兢兢。"不如对他说："有些孩子对一件事的反应就是要更强烈、更快速,这样的孩子就会比较容易发脾气。"当然,如果您和家里人确实因为这个孩子而总是战战兢兢,您也可以让孩子知道,不过要注意说话的方式,可以这样说:"我们都很爱你,不想让你不高兴。你每次不高兴的时候,我们都会很焦虑,甚至我们什么都不敢做了。有没有什么办法让我们都别那么焦虑、暴躁呢?"

每一种气质类型都有积极的一面。要想让孩子有一个幸福的未来,关键在于找到他能发挥优势的场合和活动。感情充沛、反应敏锐的孩子往往热爱艺术和戏剧。您的孩子是"戏剧皇后"吗?您可以想一想戏剧课会不会适合他。您的孩子害羞、内向吗?想想看,她是不是性格冷静,善于自我管理?是的话,可能她会喜欢帮邻居照看宠物或小孩子,或者参加类似亲子读书会等侧重思考的活动?

> 以积极的眼光重新描述孩子的气质,可以帮助孩子找到发挥自身优势的场合和活动,从而赋予孩子动力,让他享有一个幸福的未来。

**表7 另一种表达方式**

| 消极的 | 积极的 |
| --- | --- |
| 不友好 | 意志强大 |
| 害羞 | 自省 |
| 冲动 | 好奇心强 |
| 内向 | 冷静、有洞察力 |
| 挑剔 | 敏锐 |
| 蛮横 | 果断 |
| 固执 | 坚定 |

续表

| 消极的 | 积极的 |
| --- | --- |
| 马虎 | 敏捷 |
| 不专注 | 善于探索 |
| 易沉迷 | 有激情 |
| 不善社交 | 自立 |
| 慢性子 | 随和 |
| 冷漠 | 坚持 |
| 烦人 | 执着 |

## 人格五因素理论模型

在诸种性格模型中，人格五因素理论（five-factor theory of personality）模型是应用范围最广、研究最深入的模型之一。这五种广义的性格特质指的是：**开放性**（openness）、**尽责性**[①]（conscientiousness）、**外向性**（extraversion，有时拼作 extroversion）、**宜人性**（agreeableness）、**神经质性**（neuroticism）。这些因素代表的是在其两极之间的一个范围，比如外向性指在外向与内向之间的范围。我们大多都处于这些范围之中。通常我们会对这五个因素做出如下描述。

### 开放性

**开放性**通常指想象力或好奇心，其反面是**封闭性**。此项得分较

---

① 编注：conscientiousness，也译作公正性、认真性、责任心。

高的人倾向于愿意冒险，而不拘泥于常规。此项得分较低的人倾向于保守，不喜变化，拒绝尝试新想法。而无论是得分过高或过低，两种极端都会引发困难，同时也会带来机会。高分的孩子可能2岁的时候就敢爬到公园攀登架顶端，这非常有利于培养动作技能，但也很容易受伤。而低分的孩子甚至不愿意参加朋友的生日聚会，即便他知道自己可以玩得开心。

攀登架的故事后续可能是，孩子知道这项活动很容易受伤，于是不再愿意去公园；或者父母觉得攀登本身就很危险。不管怎样，孩子都会放弃他本来喜欢的事情，除非又出现了一项对他来说同样有趣的活动，否则他可能宁愿把时间花在看电子屏幕上也不愿意去公园。在第二个关于不愿意参加生日聚会的故事里，后续可能是，没有人再邀请这个孩子参加生日聚会了，他的朋友越来越少。这些事情不会直接导致孩子突然发生变化，但父母可能在回想某个困难时期时发现，那期间孩子没有发生过任何积极的变化，开始对一切都不关心。一个最典型的例子是，有些孩子从小展现出非凡的运动天赋，但一次受伤让他不仅失去了他热爱的运动，还失去了朋友，他无法和朋友一起参与训练了。这种事情最常发生在初高中阶段，但也会发生于成长早期阶段。

### 尽责性

**尽责性**一项得分较高的人倾向于做事情条理清晰、提前做好计划、遵守任务的截止日期。这个特质随年龄增长而逐渐突出，它在小孩子身上往往不太明显，但在他们控制自己冲动的时候，您仍然可以从他们身上看到这种特质。此项高分的青少年通常很自律，会为了结果而坚持。在这个谱系的反向一端是**缺乏目标**，这样的人往往不太自律，不喜欢日程表，不喜欢条条框框，对混乱毫不在意。这两个极端都有其过度之处（孩子过度消耗在复习考试上，或者对复习毫不在意），都可能导致孩子丧失动机。一方面，如果孩子为复习考试而消耗过多精力，那么乐趣自然会丧失，学习也变得枯燥，对学科的热爱，也就是内在动机，亦会相应减少。而且孩子如果花了很大功夫准备考试，反而没有取得好成绩，自然会觉得此前的付出毫无用处。另一方面，如果孩子完全不复习，当然不会有好成绩，而糟糕的分数不仅仅代表一种结果，更可能引发动机的丧失。孩子如果在某个领域感到挫败，又怎么会在其中轻松地找到动机呢？

**外向性**

您或许已经对**外向性**有所了解，其反面是内向性。此项得分较高的人长于社交、健谈、表达力强，更重要的是，他们通过社交汲取能量。**内向**的人则相反，他们在社交中消耗自己，他们也可以是活泼、开朗的，但需要给自己充电。如果一个10岁的孩子总是参加聚会，但在连续聚会之后总想待在房间里休息两天，他就可能是内向的。外向的人喜欢和人聊天，喜欢且擅于认识新朋友，与人相处时感到精力充沛。而内向的人更喜欢安静，不喜与人寒暄，在大量社交之后需要时间独处来让自己恢复。外向的孩子喜欢体验新鲜事物，喜欢和他人一起学习，但由于社交需要和其他人互动，所以这样的孩子会"转场"于许多活动之间。而内向的孩子更能认定一项爱好，独自一人坚持下来，不必纠结要把自己的精力投入到哪个领域之中。但是，如果内向的孩子选定的是诸如下棋之类的孩子们很少能坚持下去的活动，那么这个孩子就可能会遇到困难。

### 宜人性

**宜人性**包括信任、友善、依从、利他等特征。此项得分较高的人更善于合作,而低分者(在这个谱系的另一端,通常被称作不友善或**对抗性**)竞争性更强,甚至控制欲也更强。高分的孩子倾向于关注他人,喜欢帮助他人,愿意为他人的幸福而付出。低分的孩子则往往很难相处,会因自己的欲求而操控他人。这项特质在孩子到了青春期才会趋于稳定,孩子成年后还会一直增强。孩子2岁的时候可能会很明显地缺乏宜人性,所以说2岁的孩子是可怕的,不过,随着孩子长大,宜人性会渐渐增强,孩子变得宜人,或者至少他们的行为会向着宜人性的方向成熟发展。不过,要想在成年阶段获得成功,宜人性并非越强越好。竞争力和较低的宜人性也很重要。最关键的是,您需要知道孩子处在这个谱系中的哪个位置。如果孩子宜人性较低,您可以培养他的共情能力,教会他帮助他人,不要一味索取。这样的孩子一旦感到自己不能取胜,或者朋友因为自己宜人性较低而不喜欢自己,便很容易丧失动机。

### 神经质性

**神经质性**通常被理解为神经敏感度,包括焦虑、易怒、情绪化、忧虑。此项得分较高的人对自我的意识较强,往往不太自信。此项得分较低的人则**情绪稳定**,能很好地缓解压力,不会有不必要的担心,通常更为放松。高分者往往不易从压力事件中恢复过来,常有不必要

> 几乎每一种气质类型都有优势和弱势。帮孩子找到优势,从而找到动机。

的担心。孩子如果此项得分较高,则更易对自己的表现顾虑重重,参加活动时,哪怕是自己喜欢的活动,也会因为过于在意自己的感受,而容易丧失动机。

**性格是变动的**

作为成年人,我们很容易知道自己的性格,但孩子不同,他们身上的性格特征是不断变化的。比如,1岁的时候,孩子变得外向,长成一个开朗的幼儿,但从童年的中期开始,孩子越来越内向。或者,孩子出生的时候有明显的神经质特征,但这一特质在青春期晚期和刚刚成年的时候逐渐淡去。宜人性在青春期之前通常较为稳定,但成年之后会持续增强。尽责性在童年时期会持续增强,不过相关研究显示,在从童年时期过渡到青春期的这个阶段,尽责性的发展不甚明确。开放性于一些人而言会在其刚成年时增强,之后会随年龄渐长而减弱。

以上内容表明,即便人的性格表现出一定的倾向,它也会随年龄和生活环境而改变,而且其变动没有固定的方向。气质特征会影响生活环境,某些特征会引导孩子寻得相应的生活环境(比如学习难度更高的课程),或者改变、转换生活环境(比如是否更加认真听讲,这也会造成孩子在宜人性和尽责性方面的改变)。

## 理解自己和孩子的气质

那么,上面讲的这些对您和孩子来说意味着什么呢?您可以想一想您自己和孩子各属于哪种性格类型。内向的您是不是总因为要照顾外向的孩子而感到很累？开放的您是不是有着一个保守的孩子？或者，您和孩子都很尽责，而这让您整个家庭都很焦虑？又或者，你们两个中一个神经过敏、总是压力很大，另一个却在该着急的时候依然漫不经心？您最好知道您和孩子是哪两种性格，这样您就可以知道为什么您的孩子对一切都不关心，您也可以找到更好的办法和孩子互动，帮她找到动机。

填一填表 8，看看您的气质是什么，孩子的气质又是什么。你们的气质一样吗？有什么不同？要想了解更多，可以再做一下在本章末尾"做一做"一栏中的测试。自己做一下，再想一想孩子会怎么做。如果孩子可以自己做测试，你们各自做完后可以相互交流，看看你们有什么不同。这是开启对话的好方法，你们可以由此接纳对方，接纳彼此的不同。

性格和气质对于理解您和孩子虽然非常重要，但也仅仅是个开始。气质既是天生的，也是由后天塑造的。关于您和孩子的成长环境有多么大的差异，想必不需要我多说了。当下最明显的一点不同就在于世界范围内 COVID-19 所带来的持续影响。下一章里，我将提到一些 21 世纪以来，养育孩子需要面临的最艰难的挑战，包括学业压力，以及堪称"虚幻的桃花源"的名牌大学录取通知书，我还将提到一些会导致孩子对一切都不关心（即便有时出于好心）的最典型的教养方式。但在进入下一章之前，让我们先来探索一下气质和性格。

表 8　您的气质是什么？孩子的气质又是什么？

| | | 我 | 孩子 |
|---|---|---|---|
| 开放性 | 好奇心/想象力较强 | | |
| | 好奇心/想象力较弱 | | |
| | 较为实际 | | |
| | 不太实际 | | |
| 尽责性/<br>主动控制 | 专注力较强 | | |
| | 专注力较弱 | | |
| | 控制力较强 | | |
| | 控制力较弱 | | |
| 外向性 | 较为活跃 | | |
| | 不太活跃 | | |
| | 非常害羞 | | |
| | 不太害羞 | | |
| | 较为冲动 | | |
| | 不太冲动 | | |
| 神经质性/<br>负面情绪 | 容易感到挫败 | | |
| | 不易感到挫败 | | |
| | 不易从失败中恢复 | | |
| | 容易从失败中恢复 | | |
| | 总会感到恐惧或焦虑 | | |
| | 不常感到恐惧或焦虑 | | |
| 宜人性 | 同情心较强，乐于助人 | | |
| | 同情心较弱，不愿助人 | | |
| | 较易信任他人，较少疑虑 | | |
| | 不易信任他人，较多疑虑 | | |

本表格来自本书，作者埃伦·布拉滕。©2023 The Guilford Press。若为个人使用，本书读者可以复印本表格。更多版权信息请见版权页。

## 想一想 谈一谈 做一做

### 想一想

- 您的气质和孩子的一样吗?有哪些不同?
- 您的孩子在婴儿时期是什么样的气质?后来有变化吗?
- 当孩子让您感到压力很大时,您一般怎么应对?您会立即生气吗?还是一段时间之后再生气?您的反应又如何影响到孩子的行为?
- 哪些活动最符合孩子的气质?这些活动在孩子的日程表里出现了多少次?
- 哪些活动与孩子的气质并不契合?如果孩子不得不参加这样的活动(比如一个内向的孩子要参与集体活动),您可以怎样帮助他?
- 您怎样描述自己的孩子?如果有负面的语言,可以怎样重新措辞?

### 谈一谈

- 问问孩子:
  - 请描述一下自己的家人,你对家人的描述和对自己的描述有哪些不同?
  - 是什么让你的个性和别人不一样?
  - 请用 5 个词来形容一下自己。

- 和孩子一起完成下面提到的测试，至少一起做一项测试，聊一聊测试结果。填一填表8，聊一聊你们的异同。

### 📝 做一做

- 填一填表8，看看您的气质是什么，孩子的气质又是什么。
- 做一下关于本章所讲的人格五因素的测试。这里有一些不错且免费的测试网址。
  - http://openpsychometrics.org/tests/IPIP-BFFM
  - www.psychologistworld.com/influence-personality/five-factor-test
  - https://my-personality-test.com/big-5

第七章

# 走出误区，建立合理的期待

我在怀第一个孩子的时候，曾经和几个准妈妈在咖啡厅聊天。我们都觉得，**无论**孩子以后怎样，我们都会高兴。后来，我们渐渐熟悉起来，发现我们之中很多人在成长阶段都有过同样的经历：大人们觉得我们没有能力做自己喜欢的事，或者我们**不应该**做自己喜欢的事。所以我们决定，**一定**不要让我们的孩子有同样的经历。在我们的经历中总会充斥着这样的声音："谁会专门去学习艺术呢？艺术家养活不了自己。""你的数学不行，你上不了医学院。""如果想要我资助你读博士，那就不要学英语，你可以学法律。不过我也不会贷款四年供你读书。"或者是这样的："抱歉，我们没钱供你读大学，你尽早放弃这个想法吧。""我觉得你不适合读书，还不如去你父亲的店里工作。"

## 期待——优点与缺点

当我和那几个准妈妈在一起聊着我们未出生的孩子日后将会有

的美好机遇时，我们互相问了一个问题："有没有什么事情是孩子可能想做，但你不会支持的？"我摇着头，但一个想法突然闯入我的脑海：做会计。我也不知道为什么。我很喜欢我的会计，没有他我可能什么也做不了。而且除了每年三月一整月和四月的半个月，这个职业也非常舒服。但是，就在那时，我意识到我不希望自己的孩子只是坐在办公室里管理财务。我想她成为某种规则的改变者，成为艺术家，或者美国第二个女性总统（如果当时已经有了第一位女性总统），成为波士顿交响乐团的指挥、作家、CEO。

我们许多人都有这样的梦想，这没什么问题，而且这也正是为人父母的一种乐趣，但是，一旦现实介入，这种梦想便会让我们的判断力变得迟钝。我们可能会给孩子施加很多无谓的压力。作为父母，摆在我们面前的一个最大的挑战可能是，要学习去抚养我们的孩子——而非我们想象中的孩子。其实，我们的孩子几乎和其他孩子没什么两样，长大后也都是**普通人**，不过可能有些父母会对此感到失望。

您对孩子有着怎样的期待？很多期待在我们脑海中生根发芽得非常早，甚至孩子还不太能够理解这些期待。我们很多人之所以成为父母，是因为我们想要孩子，想和他一起练棒球，想以一种崭新而美妙的方式去爱一个人。自从您第一次冒出生养一个孩子的想法以来，您的期待发生过改变吗？您希望孩子明年会做什么？五年后呢？十年后呢？您可以想象孩子成年后的样子吗？

这些问题不是简单的假设，它们很重要，因为您的希望和孩子的实际能力之间存在着裂隙，这个裂隙会导致孩子对一切都不关心。而这些问题不是全部。请您审视一下自己的生活。在您对孩子的期待中，有没有哪些是您小时候对自己的期待？有没有哪些事情是您不想让孩子去做的?

举一个例子。梅甘是个14岁的女孩。我问过她的爸爸瑞安这些问题。瑞安在自己高中时候很擅长打冰球,差点去做职业球员,但没有得到家里的支持。他的父亲是一名律师,但也嗜酒,只要不工作就会喝酒。如果有时间运动,他会选择高尔夫,而不是冰球。瑞安还是个小孩子的时候,他非常希望自己的父亲是个冰球教练,或者至少能来观看他的比赛。于是,当他有了自己的女儿梅甘时,等到她一学会走路他就迫不及待地带她上冰,他在梅甘参加过的所有球队里都当过教练,他也对梅甘展现出的一些潜质非常欣喜。梅甘算不上冰球场上的小明星,但她非常棒。瑞安对我说:"如果努力练习,她一定能出类拔萃。"

瑞安告诉我,梅甘四年级的时候,有一次在冰上摔倒,伤到了后脑,导致了轻微的脑震荡。她没有失去意识,但她有一两天总是感到头晕,医生说她那几周都不能打球。几个月之后,她的头部又意外地撞到了跳水板,她当时没有告诉别人,但她开始抱怨自己无法集中注意力。她将这一问题归咎于几周前她和表兄弟们一起随性玩的一场触身式橄榄球赛。她做了一系列检查,神经科医生建议她之后的一个季度里不要进行任何运动。梅甘在六年级时回到了冰球训练场,但她觉得自己还在承受之前脑震荡带来的影响。她是球队的名誉队员,但不和球队一起训练,她开始抱怨球队的其他姑娘对她很刻薄。有一个女孩不经意间说:"如果我不训练,恐怕会像你一样长胖。"这让梅甘很难过。她不想再去上学,觉得自己有偏头痛,无法集中注意力。

我见到梅甘的父母时,他们显得非常焦虑。她的父亲一度觉得她上大学之后是可以成为一级运动员的，但现在却担心她读不完八年级，更不要说高中了。梅甘来到我的办公室，我发现她是个美好、聪慧的姑娘，平时经常创作小说和诗歌。她坦诚地告诉我，不再打冰球对她来说是一种解脱，但是在她解脱的外表之下，是深深的焦虑和失落。在她停止打球之前，她的全部业余时间几乎都用来训练。现在她有充裕的业余时间了，可她却觉得很沮丧。我一路陪伴着梅甘读了高中。她的高中是一所综合性学校，可以提供药物治疗、认知行为治疗，在这里她可以更好地管理自己生理上和心理上的焦虑症状，这所学校很适合她。

围绕着梅甘我做了很多工作，但她的父母也确实需要做些改变。用他们的话说，他们担心自己"不是好的父母"。我告诉他们，他们没有做错，他们已经用自己所能想到最好的方式来养育孩子了。要不是梅甘的运气太差，经历了多次脑震荡，一切都应该是很顺利的。这一厄运偏偏降临在孩子发展的关键时期，这让整个家庭不得不做出改变，而这一改变又让人措手不及。虽然有些家长会告诉我，他们那个对一切都不关心的孩子是从未经历过变故的，但仍有一些父母意识到自己需要调整自己的期待。不管怎样，所有父母都要面对一个挑战：懂得如何**抚养自己的孩子**，这个孩子可能和他们想象得不一样，也可能会经历一些突然变故。

## 您对孩子的期待是什么？

父母的期待指的是父母**相信**或**期待**自己的孩子**会**走多远。您可能会对孩子在您看重的领域都有期待，比如教育、运动、职业、未来生活，等等。期待与**愿望**不一样，愿望指的是您**希望**孩子能走多远。我们经常混用这两个词，但它们是不同的，或者它们至少不是完全一样的。如果您对孩子抱有恰当的期待，那么这说明您的期待是建立在对孩子能力和机会的切实评估基础上的（回忆一下第三章和第四章中讲到的天赋与乐趣）。在理想情况下，随着您对孩子优势与弱势的认识愈发深入，您的期待也会相应调整。而愿望通常是不变的，哪怕您发现孩子可能实现不了。比如，孩子对弹钢琴没有天赋也没有兴趣，可您依然希望他能弹好钢琴。

> 愿望指我们希望孩子做什么或成为什么；期待指我们相信他们能够并将要做什么，成为什么样的人。

举个例子。克劳蒂娅的父母都是医生，他们的愿望是克劳蒂娅长大后也能成为医生，或者至少能在科学领域取得高级学位。他们也抱有这样的期待，想要克劳蒂娅成年后在自己的姓氏后面冠以"博士"的头衔，期待她能够在数学和理科课程中表现优异。但是，克劳蒂娅六年级时确诊了严重的数学学习障碍，这让她很难考上医学院，甚至连高中代数都学不懂，于是她的父母必须转变他们的愿望，也转变期待。因为学不好数学，克劳蒂娅觉得自己让父母很失望。但是，她的父母认为，在家教的帮助下她就可以更喜欢数学，可以克服困难。克劳蒂娅读了高中之后，她的父母希望她能学好这个对她而言很困难的学科，这给她造成了很大压力，而她找到的最好的应对方法便是不再上学，表现得对一切都不再关心。

让我们想象另一种可能性。想象一下，克劳蒂娅在六年级做完测试时,她的父母根据测试结果调整了自己的期待;他们给予克劳蒂娅有效的帮助,和她聊一聊她需要什么才能成功;他们没有期待克劳蒂娅能做到他们认为成功所必需的程度,而是理解她,根据她的能力和兴趣改变了自己的期待。改变了期待并不意味着克劳蒂娅不用再理会数学,相反,切实的期待有可能会使克劳蒂娅意识到她需要学好数学,甚至是日后要学医。有阅读障碍的孩子不是没有成为作家和编辑的可能,有数学学习障碍的孩子也不是不能成为科学家。我们总会遇到挑战,总要去克服我们的缺陷。区别在于,我们可以尝试,也可以失败。失败后,我们可以得到有效的帮助(至少我们知道去哪里寻求帮助)。我们面前的门槛不高不低,跨过它绝非遥不可及。

> 即便对孩子的愿望是不变的,我们也需要调整我们的期待,以贴合现实。

**不切实际的期待是怎样导致孩子丧失动机的?**

每次我和家长聊起他们对孩子的期待时,不少家长都会说,他们觉得自己必须要抱有比较高的期待,否则孩子就不会成功。而他们是从老师、其他家长和媒体那里听到这个观点的。从美国最近二十年的趋势来看,父母的期待已经达到了最高点。而通过我自己在印度、新加坡、中东、欧洲等地学校工作的经验来看,在很多地区,这一趋势在那些"向上流动"的父母中扩散开来。相关数据意味着什么呢?许多研究表明,绝大多数家长(在一些研究中,占比超过了 90%)期待自己的孩子在高中毕业之后能继续接受教育,超过半数的家长期待自己的孩子本科毕业之后能攻读更高学位，几乎所有家长都认为孩子能比他们拥有更多机会，能更成功。

这些如此之高的期待是好是坏呢？这取决于具体情况。如果孩子**自己**在学业上有很高的期待，他们的心理往往更健康。不过这只是一种影响因素。换言之，如果孩子自己说想读哈佛，或者想当田径队队长，那他们往往比那些无所谓能否成为田径队队长的孩子的心理更健康。心理健康会带来更远大的愿望，而不是相反。**父母**更远大的愿望与孩子更优异的学习成绩相关，但父母的愿望与孩子的心理健康之间的关系尚不明确。比如，父母嘴上说"我的孩子会成为医生"，他们可能会让孩子受到更多的教育，但孩子未必会为此开心。一些研究表明，如果父母的期待很高，孩子往往会因为担心自己能否满足父母的期待而感到很大压力，从而更有可能患上焦虑症和抑郁症。不过，**低**期待并非解决方案，一句"你什么都做不成"没有任何意义。实际上，如果父母和孩子的期待太低，孩子可能会变得好斗、叛逆，甚至犯罪。因此，期待不能太高，也不能太低，否则都可能导致孩子对一切都不关心。

> 家长的期待太高和太低都将可能导致孩子变得对什么都漠不关心。

还有一些研究表明，期待和成绩之间的关联更为细微。导致孩子心理健康受损的或许不是期待，而是伴随期待而至的批评。例如，谢拉的父母对她有很高的期待，相信她会和家里大多数人一样从事法律或医疗行业，但她的父母常说这样的话来激励她："如果你不好好学习，你就上不了好大学，上法学院就完全不可能了。"他们的希望是没错的，但他们的批评让她失去了动机。

### 您和孩子的关系如何影响动机？

亲子关系也是很重要的一个方面。如果亲子关系紧张，那么高期待就更有可能造成消极影响。举个例子。谢拉觉得自己和父母的关系从来没有轻松过，她还是婴儿时就是个麻烦的小孩，而她的哥哥特德则是个"简单的孩子"。特德和父亲很亲，所以哪怕他被父亲批评了，也不会有什么影响。如果有人问特德他的父母给他的压力时，他会说："我爸爸就是这样的。"但是谢拉和父母的关系并不亲密，她对父亲和对自己的想法与特德的完全不同。

更重要的是，如果在抱有高期待的同时，父母能更积极地回应孩子的需要，那么这将有利于孩子的心理健康。父母和孩子好好沟通，关系亲密，便可以缓解高期待带来的压力，就像特德的故事所证明的那样。问题之所以会产生，往往是因为父母和孩子想要的不一样。尤其是当父母对孩子的期待高于孩子当前的实际水平，甚至父母有不切实际的愿望时，孩子觉得很难。这会导致孩子对一切都不关心。

### 贴合孩子实际情况的期待

现在，您可能要想了，您究竟应该做什么。我建议您考虑一下孩子的愿望，再调整自己的期待。随着您对孩子的兴趣和能力越来越了解，您应准备随时调整您的愿望和期待。我们在第四章中提到过美好的心流体验，那种自我高能力和适度挑战相遇的时刻，想一想如何让孩子因为您的期待而拥有这样的体验。这样，孩子会更有动力，您的期待也更有可能成为现实。下面是一些方法。

- **和孩子聊一聊您的期待和他的期待。** 我发现，这样重要的话题，却经常出现在生气和沮丧时的对话中。"你分数这么差，怎么可能考得上大学？""我难以想象你怎么独立生活！"很多时候，孩子都上高三了，除了诸如上述的对话，父母都没有和孩子提起过"大学"这样的字眼。如果您经常为这种事和孩子喊叫，试着先退一步，和孩子聊聊您的期待。想一想第三章中提到过的天赋和优势。早点儿和孩子聊一聊，不要等到您忍不了要冲着孩子大吼大叫的时候。孩子上了初中就可以和他聊一聊了。说说您希望他的未来会如何，对他的大学和成年生活有怎样的期待。如果您的孩子不想读大学，那就想想其他的。孩子会自己选择方向，请您支持孩子，帮助他们成功。

- **相信老师的反馈，** 如果您不信任老师，可以找其他您信任且了解孩子的人。相信老师的反馈是什么意思呢？如果老师说："我觉得他还没有准备好上幼儿园（或大学）……"不要立刻觉得老师说得不对。比如孩子的成绩是 D，但是您不相信老师的打分，还是觉得孩子以后能上哈佛。当然，老师也有说得不对的时候。而且有些老师会挑出几个他不喜欢的学生，想方设法让这些学生丢掉动机。我这里说的不是这种老师（首先这种人就不配当老师）。我谈论的是由可以信赖的老师所做出的有效的反馈，利用这种反馈来建立恰当的期待。2020 年之前，经常有家长质疑我给出的测试结果和老师给出的日常评价。家长抱着很高的期待，他们会说："他的注意力没有那么涣散。""他不是多动，他只是个小男孩。"但 COVID-19 流行期间孩子们开始上网课，没过多久家长就开始来找我，说：

"我没想到让孩子集中注意力会这么难。""他被班里其他同学落下了,我能看到其他同学在做什么,他确实跟不上。"虽然 COVID-19 流行是一场灾难,但它也提供了一个契机让父母可以了解孩子的能力,建立更切实的期待,提供更有效的帮助。

- **懂得天赋和努力的区别**,您只能影响一个,影响不了另一个。我见过很多很聪明、很有天分的孩子变得懒散、对什么都不关心,因为他们成长在一个重视一切天赋的环境中(在学校和/或在家里),学业天赋、艺术天赋、运动天赋都很重要。您需要想到,孩子**怎样**才能实现您的期待。这里所谓的**"怎样"**更多指的是努力而非天赋。想想在第五章里的问题:**您的孩子会坚持做什么?**如果他正在坚持做的事情不是他看起来喜欢且擅长的,那么您要想办法给他些帮助,让他知道他的努力一定会有助于成功。
- **对孩子的实际能力有所认知。**我说过,线上学习影响了家长对孩子能力的认知。有些家长担心孩子没有遇到挑战,有些家长会惊叹孩子竟然可以在任何环境下都能成功。很多家长其实都高估或低估了孩子的能力。如果孩子在学习上感到吃力,您就多去了解一下孩子的难点在哪里。您如果对孩子的实际能力缺乏清晰的认知,将会导致许多和期待有关的问题出现。

## 适合度

**适合度**(goodness of fit)指的是孩子的气质/性格与环境的

匹配程度。您如果有不止一个孩子，可能就会发现，有的孩子的气质很自然地就能与家人相契合，有的孩子却不能。这并不是说这个孩子**难相处或者不友善**。每一种特质本身都不是问题，而要判别孩子的行为是否有问题，则需要通过互动。

适合度有两种类型，一种是孩子的特质与**环境**的互动，另一种是孩子的特质与**所处环境中其他人**的互动。研究表明，孩子的气质如果与抚养方式相适合，那么将有利于社交与情绪的健康发展。良好的适合度指父母的要求和期待与孩子的气质相符。这并不容易，因为您不仅要满足孩子的需要，还要满足家里其他人（包括您自己）的需要。但是，为达到良好的适合度而付出努力是值得的，因为父母的期待和要求若与孩子的气质不符，可能会导致亲子关系的紧张，孩子的行为也会出现问题。通过阅读第六章您对孩子的性格有了哪些了解？你们的性格相互吻合吗？或许，你们彼此的气质非常不同，您需要想办法来满足孩子的需要。

对于培养亲子关系，了解孩子的气质与性格十分重要，而如果您的孩子对一切都不关心，那么这将格外关键。遗憾的是，当孩子已经开始变得懒散时，家长往往因为失望和生气而没能正确地（特别是积极地）认识孩子的气质。他们会对我说："他刚出生的时候是什么样子和现在的表现又有什么关系呢？如果他那时就很害羞、很慢热呢？""我只是希望他能找到自己感兴趣的东西，希望他能主动出去参加社交活动。"理解适合度当然不是灵丹妙药，但它依然是重要的，适合度低虽然不会直接导致孩子丧失

> 如果孩子和环境的适合度高，孩子和您的适合度高，孩子和您的期待适合度高，那么孩子就会有更多动力。

动机，但会加剧已有的问题。其实，有些转变并不是难事。

举一个例子。肯尼在读五年级，他有 ADHD，正在用药物治疗冲动和多动。**他和环境的适合度较低**。服用药物影响了他的食欲，所以他的妈妈试着让他在早上吃药之前吃下丰盛的早餐，不过时间常常不够。11 点 15 分是学校的午餐时间，也是药效最强的时间，肯尼此时注意力最集中，也完全不饿。但是，学校规定午餐时间之外不允许进食。所以，到了 1 点，肯尼的食欲逐渐旺盛，他感到饥饿难忍。到了 2 点，肯尼会因饥饿而无法集中注意力。到了 3 点半，学校放学，他的爸爸来接他回家，他此时的情绪已经变得易怒。他的血糖很低，无法控制自己的行为。他开始对一切不再关心，不关心学业，觉得药物毁掉了他的生活，并且因为经常感到非常饥饿，也不再觉得食物美味可口。家庭和学校的环境都难以满足肯尼的需要。在家里，他早上需要更多的时间来好好吃早餐，这意味着他晚上要早点儿上床睡觉。在学校，规定应该更灵活一些，这样肯尼觉得饿了就可以吃一点东西。我们只需要稍微关注到肯尼的适合度问题，肯尼就可以产生很大的改变，他在学校就可以表现良好，不会挨饿，药物也能产生疗效，他下午能吃点东西，回家的时候也会情绪稳定，营养充足。

我再举一个孩子**与所处环境中的人适合度较低**的例子。赫蒂彻是雅典娜的妈妈。赫蒂彻很活跃，擅长社交，喜欢参加聚会。在不和他人相聚的时候，她也会进行户外活动，比如骑行、打网球、登山等，她希望雅典娜和她一起。但雅典娜是个"小书虫"，更喜欢安静的环境。

> 有没有一些方式能够改变您对孩子的期待，从而让您与孩子更契合?

人多的时候，雅典娜会觉得不舒服，需要用很长时间适应。赫蒂彻经常会因为女儿不愿意出门而生气，她对此要求得越多，雅典娜就越不想改变。在这个例子里，我们需要注意这样几件事情。首先，赫蒂彻需要理解的是自己的女儿，而不是自己想象中的女儿，她总幻想女儿很像她。理解了自己的女儿，赫蒂彻就会有更切实际的期待。和雅典娜聊一聊，赫蒂彻就会明白雅典娜并不是抵触社交，只是无法承受妈妈频繁的社交活动。其次，雅典娜确实有一些社交焦虑方面的问题，可以通过干预来缓解。另外，赫蒂彻开始"将心比心"地看待这些场合，她让雅典娜做自己。她们聊了聊各自的目标和期待，选择了一些同时"适合"母女两个人的场合与活动，比如，一起上瑜伽课，而不是每周六早上骑行 20 公里。

**营造一个适合孩子的环境**

如果孩子对什么都不关心，那么营造一个适合孩子的家庭氛围会很有帮助。不要再因为孩子的实际能力达不到您的期待而与孩子无休止地争执了，多一些同理心，多一些尊重，由此建立信任，孩子也会更尊重您。在孩子所处的环境中，如果有人能和孩子的步调一致，这个环境就有助于孩子建立自尊。我们的目标不是让孩子指望环境能去迎合她，而是要帮助孩子意识到并让她进入更适合她的环境和关系之中。

关于**营造一个适合孩子的环境**，下面有一些具体的方法。

- **了解自己和孩子的气质，找出不契合的地方**。有时候，如果我们能意识到并欣然接纳孩子的气质与我们自己的不同，我们就不会觉得自己是"不合格"的父母，更不会觉得自己有个"坏"孩子，并因此感到有压力。

- 想一想孩子可能会遇到的具体问题，再想一想怎么做能让孩子更轻松（最好能和孩子一起想）。
- 评估一下环境与孩子的气质是否吻合。除了学校和家这两大重点环境，还需要关注课后托管班、奶奶家，以及如果父母分居，各家不同的家庭习惯，这些都会给孩子带来压力。
- 关注一下您的气质对孩子的影响。您一般会怎样应对某件事情？您会立即生气吗，还是等一段时间以后再生气？您的反应如何影响孩子的行为？
- 您如果知道哪些事情会让孩子感到有压力，那么就放弃其中一些。比如，如果孩子在人群中会感到有压力，您就不要强迫她在节假日去观看大型运动赛事或去人流涌动的购物中心。这不是什么大事，但对于孩子来说，这意味着您理解她，这种理解意义重大。
- 留心使用什么样的语言来形容孩子，如果有消极的词汇，请替换成积极的。
- 帮助孩子找到适应环境的方式，帮助孩子选择更适合他的环境。这是一个成年人的标志——了解自己，知道怎样让自己舒服。这不意味着我们要回避不舒服的环境，不舒服也是生活的一部分。这意味着我们选择了大部分时间待在适合自己的地方，也意味着如果确实无法待在舒服的地方，就要思考怎样尽量让情况好一些。

> 和孩子的步调一致，不代表和孩子一样。

## 教养的压力，以及它会怎样影响到孩子成长

所有父母都有压力。压力是无法回避的。不过压力本身并无好坏，它**只是**压力而已。问题在于，我们如何面对压力。我并不是想让您解决掉生活中的所有压力（对此也有一些相关图书可以参考，书目见电子资源），而是想指出您的压力可能会导致孩子丧失动机。您或许会想"如果孩子没有这样的问题，我也不会有这种压力"，这也确实被研究证实，但这不代表您什么也做不了。

让我们先来看看当我们谈论压力的时候，我们究竟在说什么。压力源或造成压力的事件，通常可以分为三大类。

- **日常压力源**。比如每日通勤、作业太多，以及孩子离家上大学或转入新学校时环境的变化。这种压力无法避免，而且其中一些压力未尝不是好事，比如有了小弟弟或小妹妹，或者搬到另一个更大的房子里。每当我们听到有人说"不要为小事烦恼"时，他们其实是在说日常的压力源有时候是好事，比如忙碌的生活、成长着的孩子——虽然我们都知道这句话说起来容易，做起来其实有些难度。
- **无法预料、突然降临的压力源**。这种压力源通常来自生病、事故、失业，或者飓风、火灾等灾害。当然，压力源不一定是大型灾难，有些就是经常发生在日常生活之中的事，比如奶奶做了膝盖手术，需要和家人一起生活六周，但是我们谁也无法预料这样一个小小的改变会不会改变每个人的日常生活，会不

会导致生活混乱。
- **慢性压力源**。这些压力源不会随时间变化而好转,甚至有些会随时间而加剧。这种压力源通常很难改变。如果孩子在学习、情绪或注意力方面发生了变化,那么有可能您和孩子或多或少面临着这样的压力。如果孩子得到了有效的帮助,相比那些没有得到足够帮助的家长,您的压力会小一些,但慢性压力源依然存在。

如果您的孩子没有动机,您可能就会感到有压力。而如果您又遭遇了不可预料、突然发生的压力源(比如几乎波及每个家庭的 COVID-19),您可能会更脆弱,感到压力非常大。

了解自己面临多大压力是很重要的,因为您如果处于紧张焦虑的情绪中,就会影响到孩子。对于孩子的需要,您难免没有给予应有的关注和回应,而这又会让您感到愧疚,从而压力更大。如果父母感到有压力,孩子就需要找到自己的方式去应对。有些孩子成了超级成功者,有些孩子变得暴躁易怒,还有些孩子选择在情感上麻木。但是,当您帮助孩子处理压力时,无论是直接帮助他们还是向他们示范您自己在面对压力时怎么做,孩子的抗压能力和韧性都会有所提升。如果您的压力主要来自孩子,您可以告诉他"你什么也不想做,只是待在屋子里,这会让我觉得很有压力",但这还不够,再和他聊一聊,"我无法想象你是什么感觉",听听他怎么说,告诉他你打算怎么应对这些压力,**您的压力和他的压力**,提供合适的帮助,着眼未来。图 7 展示了应对压力的步骤,供您参考。

"让我们列出哪些事情会让我们感到有压力，计划一下如何应对。" —— 计划

"你是不是因为压力太大才待在房间里的？" —— 证实

"可以告诉我你是什么感受吗？" —— 倾听

"我难以想象你是什么感觉。" —— 对话

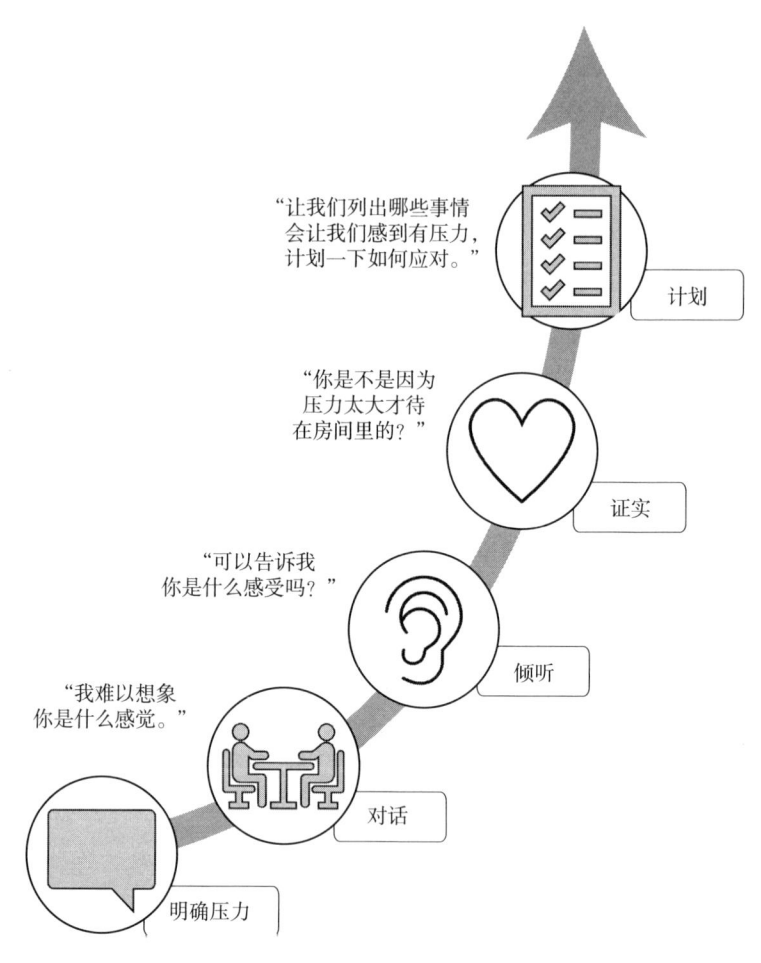

"当你只想坐在房间里，看上去什么都不愿意做的时候，我觉得压力很大。" —— 明确压力

**图7 应对压力的步骤**

有一件事需要您记住。您可能觉得应该把压力藏起来，不要让别人看到，但其实谁也骗不了。华盛顿大学近期研究了一些家庭在COVID-19流行期间的居家方式，发现每当父母试图掩盖自己的情

绪时，孩子都会有生理上的压力，他知道父母其实并不太好。当您嘴上说着"我很好"时，孩子知道您并不好，那么当他有压力需要帮助的时候他也不会来找您，还会模仿您应对压力的方式。参考下面方框中的内容，这里有一些帮您应对压力的建议。

## 应对自己的压力

关于应对压力，下面的内容并不十分全面。如果您面临的是慢性的压力，最好求助相关专家。本书的电子资源或许会有帮助。下面这些只是一些概括性的指导，对于减少家庭的压力会有所帮助。

- **减少冲突**。您可能会觉得"是冲突让我感到有压力"，但是冲突是可以改变的。比如，父母离异的孩子并不见得要比父母婚姻正常的孩子面临更多或更少的压力。这里的关键在于家庭冲突的程度。如果父母离婚了，但他们能妥善处理关系，减少冲突，他们的孩子和家庭和谐的孩子不会有什么两样。另外，无论父母是否离异，只要家庭冲突较多，孩子的压力同样都会存在。所以，如果能想办法减少家庭冲突——伴侣之间的冲突、家庭内部的冲突、邻里之间的冲突——那么您和孩子都可以从中受益。
- **保持日常生活规律**。我们常说，如果孩子知道自己想要的是什么，他们就能更好地处理压力。成年人也一样，他们知道自己的日程安排，如果事情按照规划进行，他

> 们的压力就会相应降低。请规划您的生活，让生活简单有条理，睡眠和饮食有规律。
> - **放弃那些不必要的事情**。这很重要，请立即着手。
> - **和那些可以支持您的家人、朋友保持联系**。来自他人的支持是抵抗压力最有力的因素之一。
> - **锻炼**。不需要太多锻炼，每次 30 分钟，每周 4 次，即可有益身心。
> - **向他人寻求帮助**。治疗方案、家长群、可以支持您的家人和朋友，以及对孩子的个人需求的了解，这些都可以帮助您减轻生活压力。

希望本章能够帮您理解自己的期待和孩子的行为之间的复杂关系。在下一章，我们会讨论父母的行为（通常是出于好意的行为）如何导致孩子失去动机。在此之前，让我们先想一想、谈一谈、做一做，以此回顾本章内容。

## 想一想　谈一谈　做一做

### 想一想

- 孩子刚出生的时候，您对他有怎样的期待？从您开始想生养一个孩子以来，您的期待发生过怎样的变化？
- 在您还是孩子的时候，您是怎样变得独立的？您有没有哪些成长经验可以借鉴并分享给孩子?
- 您希望孩子明年此刻在做什么?五年之后呢?十年之后呢?
- 您觉得当孩子长到您的年龄时会是什么样子?
- 您生活中的压力源是什么?其中哪些可以控制且并不频繁,哪些是慢性的且很难控制?过去的两三年中,您经历过多少无法预料、突然降临的压力?

### 谈一谈

- 问问孩子她明年想做什么,五年之后想做什么,长大成人后想做什么。
- 问问孩子,他觉得您想让他长大后做什么。和前一个问题对比,聊一聊结果。
- 聊一聊哪些事情会让孩子感到有压力。您可能会对他的回答感到诧异。聊一聊什么样的环境更适合孩子,或者有哪些应对压力的好方法。

### 做一做

- 改变评价孩子未来的方式——着眼于孩子自己的希望和梦想,而非您的希望和梦想。
- 写下让孩子感觉压力很大的事情(在你们讨论之后),也写一写让自己感到有压力的事情,和孩子一起分享,一起想办法去改变那些可以改变的。
- 想办法与能支持您的家人和朋友保持联系。

第八章

# 因材施教，选取适宜的教养方式

抚养孩子有许多种方式，没有哪一种方式一定会导致孩子对什么都不关心。在本章我将介绍一些常见的教养方式，同时深入探讨"考大学"一事，大多数父母都认为教养的目标就是考上大学。我不想在这一章里责备某些父母，这不是我的目的。如果您觉得我在责备您，那么您就会错意了。当今的社会环境更加复杂，一定程度上是由社交媒体造成的，人们对于图像很敏感，在这样的环境中，父母教养孩子的方式和行为多少受到社会趋势影响，我们愈发关注他人在做什么，于是担心自己的孩子会落在后面。但是，我们的好意却不一定能产生好结果，有些孩子会说："不要管我！"

心理学领域定义了至少四种父母的教养方式——**专制型**（authoritarian）、**权威型**（authoritative）、**放任型**（permissive）**和忽视型**（uninvolved）（参见下页方框中的内容）。在这四种方式中，父母通常最希望成为权威型。采用权威型教养方式有诸多益处，比如让孩子感到幸福、成功及做出更恰当的抉择。但是，即便是权威型教养依然可能会导致孩子对什么都不关心，因为孩子的行为还被一些其他因素左右，比如气质、学校环境、同龄人的影响

（本书后面将会提及）等。我曾经见过有父母本来是权威型父母，后来变成了专制型或放任型。孩子变懒散、冷漠、对什么都不关心给父母带来了压力，于是父母变得更独断，或者直接放任不管。您可以先想想自己属于哪个类型，其实很少有人完全只属于一种类型。您的教养方式会随孩子的行为而改变，或者您需要依据孩子的行为来改变自己的教养方式。

## 父母的类型

- **专制型父母**。他们的口头禅是"因为这是我说的"。他们认为，孩子应该完全守规矩，不能发表自己的看法。孩子要服从，不能商量，没有妥协。这样的教养方式会引发孩子和父母的冲突，最终两败俱伤。有的时候，如果孩子对某件事不关心，父母便会变得专制，但父母的这一转变很难见到成效。
- **权威型父母**。他们会创造并维持积极的亲子关系。他们也会立规矩，惩罚不当的行为，但他们会解释这样做的原因，也能理解孩子。当然，他们会为孩子负责（而非完全让孩子为自己负责），但在很多事情上，他们会让孩子自主做决定并承担责任。对于大多数孩子，这是最好的教养方式。但是，如果孩子对一切都不关心，那么即便是最佳的权威型父母也会有失去耐心的时候。

- **放任型父母**。他们会定规矩，但不会要求孩子守规矩。他们觉得孩子还是孩子，与其说他们是父母，不如说他们更像孩子的朋友。而孩子习惯了不尊重权威与规则，也更容易行为失当。这种教育方式对于对什么都不关心的孩子来说更加不利，因为父母无法给予孩子激励。
- **忽视型父母**。正如其名，他们往往不参与孩子的生活。他们不立规矩，也不管孩子。有的父母这样做是因为自己的忽略，但也有的父母是自己确实没有办法，比如他们可能有心理问题或严重疾病，也可能滥用药物。忽视型父母会导致孩子变得懒散、冷漠、对什么都不关心。我还发现，忽视型父母往往经历过家庭创伤，比如他们小时候受过伤害，或者经受了伴侣的离世，这让留下的人因为过于悲伤而无心管教孩子。在这种案例中，要想帮助孩子渡过难关，首先应该为父母提供治疗，帮父母渡过难关。

伴随着流行文化的发展，父母教养方式也出现了新的类型，其中一种便是**直升机父母**（helicopter parents），或许我们很多人对此都很熟悉。直升机父母和权威型父母有些类似，很多直升机父母也都曾是权威型父母，但是他们对孩子生活的干涉越来越深，过于把自己的想法强加给孩子，过于关注孩子的活动、学业，以及社交生活。他们会想办法让孩子在二年级时就有最合适的足球教练，孩子上大学时如果成绩不好，他们就会立刻找到学校教授。他们就像直升机那样盘旋于孩子的生活，他们对孩子的教养**太过了，太追求完美了，不能忍受看到孩子失败**，他们将自己的成功与孩子的成功绑定在了一起。

除了一些真正的放任型父母，绝大多数父母都多多少少做过直升机父母。在我的经验里，如果一个孩子对一切都不关心，那他的父母至少有一方会展露出直升机父母的特质。当然，直升机父母与孩子的懒散、冷漠、对什么都不关心之间没有必然的**因果关系**。父母之所以形成了"直升机"风格，可能是因为孩子的气质。父母的"直升机"风格和孩子的懒散、冷漠，两者无论孰先孰后，孩子在面对完美主义的、为孩子成功而焦虑的直升机父母时，都会回应冷淡。有些孩子尚可以忍受这样的父母，但有些孩子忍不了，于是开始变得懒散、冷漠、对什么都不关心。

研究表明，造就直升机父母的一个关键因素是焦虑。很多做母亲的会担心世界很危险，任何一次失败都会导致危机，于是她们对孩子的行为方式要求很严格。还有研究表明，父母之所以存在过度的教养，更多是出于父母的需要，而非孩子的需要，因此，要扭转过度教养，您可以先弄清楚您和孩子的需要分别是什么。过度教养从来都是有迹可循的，比如世界本身就充斥着压力，环境也会带来许多影响，诸如担心孩子的同龄人、担心孩子的学业表现……这些都会让父母变成直升机父母。无论原因何在，直升机父母都会带来种种危害。

> 对孩子的焦虑、完美主义以及其他因素都可能导致父母成为直升机父母，总之，直升机父母会极大影响孩子的动机。

- 孩子会觉得，只有自己做得好才会得到父母的认可，否则会让父母担心。于是，孩子会千方百计地避免失败。而有些孩子避免失败的方式便是，不参加任何活动。
- 如果父母过度参与，孩子便容易倾向于认为这是理所当然的，认为父母的参与是应该的。
- 如果父母过度参与，孩子则更容易依赖外部动机（分数或奖励），而自我效能较低。这会造成孩子潜在的焦虑。孩子会更需要外在奖励来激励，而不相信自己本身有能力实现目标。

现在您或许会想："好的，我知道这样不好，但是你不懂，如果我不像一只猫头鹰那样盯着孩子，他什么都做不成！我也不想管得这么多，但是他需要我这样管着！"我非常能理解这种想法从何而来。您没有错，孩子需要的不是您减少对他生活的参与，而是转换一种参与的心态。下一章里我将讲一讲目标的设定，以及如何通过设定目标来激励孩子，并拉近与孩子的关系。要想制订合适的目标，父母必须终止这种盘旋于孩子生活的行为。下面方框中提供的一些指导，会帮助您改善过度教养。不过，在谈论设定目标之前，我们需要先看看一个导致过度教养的主要原因——上大学。

## 想办法改善过度教养

迈克尔·恩卡（Michael Ungar）博士是一位心理学专家，他的研究领域为适应能力与家庭教养。他提出过如下建议。

- **回想一下您自己小时候的经历**，想一想是什么让您更加独立。据我的经验，父母总会说"_____对我有用"，但一旦我问他们"您有没有自己做过"或"您有没有和孩子一起尝试过"，他们却表示自己从来没有想过要这样做。孩子是我们的镜像，对我们有用的东西才有可能对他们也有用。
- **想一想什么可以激励到孩子**，特别是当孩子焦虑、逃避、对什么都不关心时。这一点我在这本书中已经反复提到了，但仍然值得重述。告诉孩子您的想法，和孩子一起交流。
- **在安全的前提下**，想办法让孩子学会独立，比如参加夏令营、做家务、做兼职。

此外，我还想补充两点。

- **不要混淆"参与"和"干预"**。您可以对孩子的事情感兴趣，支持他，但不要横加干预，剥夺孩子选择兴趣、点燃热情的能力。如果仅凭温度和空气就足以点燃火苗，就不必再堆积木料了（了解更多，请参见下文）。
- **接纳那些顺理成章的结果**。有父母对我说："你不懂，如果我不帮孩子做作业，她就做不了。"我则告诉他们："那么，她会遭遇挫折，会受伤，您也会。您要让她懂得对自己负责，其实很多孩子都希望能自己为自己负责。"

## 不要做直升机父母，做点燃火焰的人

我发现，如果孩子懒散、冷漠、对什么都不关心，很多家长就会要么放弃，要么过多干涉孩子。许多家长还会在这二者之间来回跳转，于是他们的生活变得更加糟糕。现在，我希望您能用在本书中读到的东西，构想一个新的模型。您应该已经对孩子的**天赋**、**乐趣**，以及孩子愿意做的事情，即**练习**，都有所了解了。最理想的状态是三者的交集（请再次回顾第 37 页的家庭教养 APP 示意图）。用您了解的信息来填一填图 8。这个三角形的中间，是可以激励到孩子的愿望，也就是"火焰"。燃烧需要三个要素：空气、可燃物、燃点。这就是您的切入点。请把自己想象成点燃火焰的人，再想象一下最美好的火焰，它可能是六月凉爽的夜晚里野外山间的篝火，或者温馨舒适的房间里的炉火。这样的火焰在点燃时需要费点心思，而一旦充分燃烧，便自有其美丽的生命。

教养孩子就像点燃火焰一样，需要花费心思，请思考下面三件事：给予孩子"**空气**"或空间，让他们了解自己，找到适合自己的结构，拥有可以犯错误的余地；孩子还需要"**可燃物**"或工具，以提升效率，这里的工具既包括终身的大技能，诸如熟练阅读，也包括小技能，诸如复习数学考试；孩子还需要"**燃点**"或"火花"以发现自己的兴趣所在，如果他们能接触到新奇的想法和老师，周围都是热爱学习的成年人和同龄人，那么他们更容易找到热情。

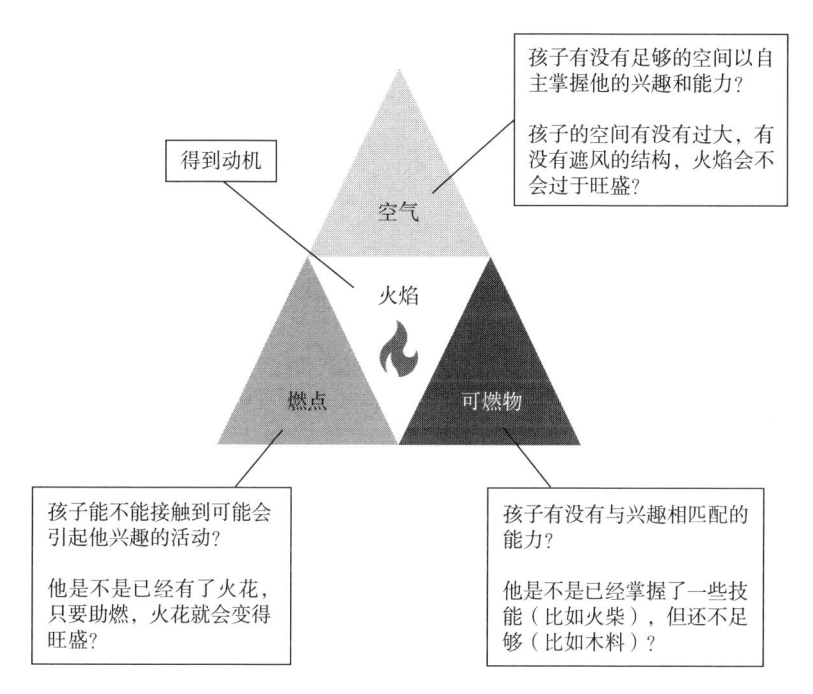

## 第八章 因材施教,选取适宜的教养方式 | 171

得到动机

空气

火焰

燃点　可燃物

孩子有没有足够的空间以自主掌握他的兴趣和能力?

孩子的空间有没有过大,有没有遮风的结构,火焰会不会过于旺盛?

孩子能不能接触到可能会引起他兴趣的活动?

他是不是已经有了火花,只要助燃,火花就会变得旺盛?

孩子有没有与兴趣相匹配的能力?

他是不是已经掌握了一些技能(比如火柴),但还不足够(比如木料)?

**图 8　动机的基本要素**

许多父母从成为父母的那一刻起自然而然地就开始为孩子"点燃火焰"了。他们为他们的小婴儿准备各种各样的玩具,教他们走路和说话,允许他们失败。他们为孩子打理一天的生活,吃饭、休息、睡觉。好的父母也是孩子生活的优秀的管理者(用火焰这一比喻来说,好的父母会认认真真地为"点燃火焰"做准备),他们搜集信息,建立联络,帮助选择,提供指导。在孩子的婴儿时期,父母会为其寻找最好的儿童医生和托儿所。在孩子童年的早期阶段,父母会选择合适的学前班。在孩子童年的中期和后期阶段,父母会制定一些规矩,来规范三餐、自我照护,并以合适的方式辅导作业。对青春期的孩子进行合理的管教非常重要,但对于很多家庭来说很难。孩子在青春期时对自主的渴望会让很多父母感到猝不及防，父母很难处理，因为他们还难以想象孩子有多么渴望与同龄人相处，有多么想要向他们展现自己对独立的愿望——他想离开家自己闯。

问题往往出现在青春期，但更早的时候，孩子就已经会有沮丧和焦虑之感了。问题常出现在父母管理或者说准备"点燃火焰"的过程中，他们没有给孩子留足空间，没有人帮孩子擦出火花，孩子也没有成功掌握所需要的技能。这背后的原因多种多样，但我认为，在许多家庭里，这一整个过程都充斥着父母对孩子成功的渴求和压力。于是，父母会过度干预，或者不支持孩子的选择，在那些并不适合孩子的技能上花费精力。而所谓"对成功的渴求"，几乎离不开大学文凭。甚至很多父母的管理和教养都在为考上大学服务，而这往往是无意识的，并且这种想法在孩子还很小的时候就已经产生了。

> 兴趣没有被激发、空间不足、技能缺失，这些都会"扑灭"孩子的"火花"。

## 考上大学："圣杯"与"灭火器"

我相信，您一定希望孩子考上大学。我没有在您的家里安装设备以听取你们的对话，也不会读心，但我相信我说得没错。在孩子即将成年的时候，"去读四年制的大学"成为父母教养的"圣杯"。"上大学对经济收入和职业生涯来说不可或缺"已经成为老生常谈。在美国，几乎人人都坚信，只有上大学才是成功的关键，我之所以如此笃定您希望孩子上大学，便是因此。这是**所有**父母的愿望，不仅仅只属于有大学文凭或者高收入的父母。

**上大学真的适合您的孩子吗？**

博比的妈妈就是其中一员。三月的一天，她急匆匆地找到我，说："我听过您在会议上的发言。您可以帮帮我的儿子吗？他18岁了，还有两个月高中毕业，但他还没有准备好要读大学，我不知道我还能做些什么。我们想让他先休学一年，这样他还可以跟得上，但我不知道该怎么让他跟上。他从来都不学习，对其他什么都不关心，就只关心他的器械商店，他周末在那里打工。您是不是可以给他做个测试，看看是哪里出了问题，然后告诉我该怎样帮助他考上大学？"

我希望能帮到博比，其实每个人都希望如此，包括博比本人。不过，博比不需要再做其他的测试了，他从一年级开始，每年都会做一两次测试。他有ADHD和语言障碍，所以他的表达能力很薄弱，特别是在他紧张的时候。邻居中和博比同龄的孩子都在准备着秋天上大学。博比的妈妈认为，如果博比考不上大学，他的人生就完蛋了，她也会为博比要休学一年而感到羞愧，为博比高中毕业的事情而忧心忡忡，每当有人问她博比秋天会去哪里时，她都觉得很难堪。

"别人会怎么想我们呢？我都不敢正眼看别的家长。"她说，"在我知道的孩子中，就他一个这个秋天不上大学的。我不知道他以后会是什么样子。我是个失败的妈妈，我知道，他也一定对自己很失望。"

我告诉博比的妈妈，博比需要的不是全面的检查，而是他的父母重新思考，博比如果不上大学，以后会怎样。这不是说做就能做的事情，毕竟博比的妈妈和大多数父母一样，从博比很小的时候就开始畅想他上大学的样子了。有的父母早早开始攒学费，有的家庭爷爷奶奶会出钱，还有的甚至会把房子抵押出去或者借贷让孩子有上大学的机会。在 21 世纪，孩子上大学已然成为衡量好父母的重要标准。

有些孩子和博比正相反，他们非常渴望能上一所好大学，至少是被好大学录取。他们会牺牲自己的业余时间和社交活动，只为能考上好大学。在这样的孩子和博比之间，还有一类孩子，他们对大学无感，父母帮他们申请了，虽然他们不是很想上大学，但还是去了，至少上了一两年。无论是哪种孩子，上大学对于他们来说，都是从儿童时期一路走来的目的地。但是，就像《绿野仙踪》里的多萝茜一样，很多孩子会发现，窗帘的后面只有烟雾和镜子，还有债务。他们会非常失望。

**激励孩子上大学，为何会有害于孩子的动机**

对于懒散、冷漠、对什么都不关心的孩子来说，激励他们上大学可以说是导致他们丧失动机最大的元凶之一。这里的孩子不仅仅指高中生。现如今，孩子在幼儿园的学习成绩愈发被关注，孩子玩耍、社交、探索的时间大大减少。关注学习成绩并不是为了让孩子能设计出更漂亮的发型，也不是为了让孩子把家里

> 如果孩子的活动和成绩只是为了让他们能进入名牌大学，那么这些被激励的孩子很容易丧失动机。

涂涂画画得更有艺术感，而是为了让他的成绩更优异，成为优秀的学生，未来能考上大学。没错，对孩子上大学的激励从孩子很小的时候就出现了。有些孩子比较敏感，能看到即将发生的事情，他们如果不喜欢这样，那么在初中的时候就放弃了。出于对成功的强烈愿望，孩子们不得不在所有领域都尽量表现得最好。在向着成功的一路狂飙中，他们迫不及待地奔向休闲娱乐和药物。一些成绩好的孩子，他们不是在奋斗就是在娱乐——平时一直在奋斗以至于睡不够觉，周末则被聚会填满。而一些不喜欢上学的孩子，他们不怎么努力，为了拥有掌控感，很多这样的孩子开始抽电子烟，或者服用药物。

父母希望孩子能够表现优异，由此产生压力，这种现象的确在富裕的社区更为常见，但不限于此，不是只有上层的家庭面临这样的问题。在上层和中上层社会中，考大学的激烈竞争把所有学生的标准都抬高了。研究表明，尽管所处外部环境不同，但是，绝大多数学生，无论他们是什么背景，都感到自己不被支持、压力很大、被成功所需的条件吞没。他们知道，成功不只是一个小小的房子和快乐的人生，而是要有可供在社交平台上晒出的旅行、精心设计的住宅、可以改变世界的工作。为此，高中生需要提前修读大学的课程，才能考上好大学。而再早一些，六年级的孩子要去上合适的数学课，四年级的孩子需要培养特殊的运动天赋，刚懂事的孩子则需要去念一个好的学前班。

> 如果孩子不愿意上大学，他们就不会努力，可能会使用药物以找到掌控的感觉。

据我观察，激励孩子上大学会让很多孩子被落下，开始不再关心任何事情。相信自己一定要上大学的那些孩子，他们会去参加一些自己完全不感兴趣的活动，会把同龄人都当作竞争对手。他们的父母花钱给他们请家教，提高考试成绩，但他们其实学不到任何有用的知识。他们觉得自己会被名牌大学的录取通知书定义，被肯定或者被否定。有些孩子还会觉得幻灭，因为他们非常用功，但没有得到他们自以为应得的。还有些孩子则决定不再关心任何事情。而那些真的考上了好大学的孩子也常会感到失望，他们对自己说："这就是我全部努力所得到的吗"，或者"如果我再努力一些，我就不会在这里了"。

现在的大学不如我上的时候有趣了，虽然有的变化或许不是坏事。在我读大学的时候，可以饮酒的年龄还是18岁（我暴露年龄了），有许多聚会大家都会喝酒，有一些还是学校举办的。但是现在，很多学校都禁止饮酒，有些学校甚至会因为饮酒而开除学生，学生如果被发现在宿舍喝酒，或者在聚会上喝酒，可能会被开除——永久性的。这对这些年轻人来说太苛刻了，他们本就容易犯错误，需要有可以犯错误的空间。现在，大学生患有抑郁症和焦虑症的比例越来越高，而且四年制大学的退学率已达40%，社区学院的退学率则将近70%，这些都证明了，有些东西并不奏效。

**但这是值得的，对吗？我的孩子可以挣到更多钱，可以有更好的生活。**

我对这个问题的回答是：不一定。这方面的数据并非您想象的那般确凿无疑。布鲁金斯学会（Brookings Institution）[①] 2013年的

---

[①] 编注：美国著名智库之一。

一份简报称,尽管大学文凭是个好东西,拥有本科学历的人一生的总收入能多出57万美元,但是,这个数字只是平均值而已。这是根据所有大学毕业生的情况统计而来的数据,并未考虑不同的学校和专业类型,也没有考虑可能存在的贷款——贷款往往能够改变学生本人及其家庭的整个轨迹。人们如果在刚刚参加工作时或者临退休时(有的父母是在这时开始为孩子贷款)背负着25万美元的贷款,就会发现生命中有许多期待都难以实现。

> 如果孩子说自己不想上大学,我们要认真听一听,因为我们兀自希望他们上大学的尝试往往并不奏效,反而会让孩子想要退学、出现抑郁,甚至丧失希望。

在我从事心理学研究之后,我先用了20年时间试图让那些有学习障碍、ADHD及其他发展差异的孩子考上大学。我帮助他们找到适合他们的环境,从小学直到高中。上百甚至上千个孩子都因此而有了积极的转变。不过,我所做的这些并不适用于所有孩子。如果我是在15年前遇到了博比,我可能会制订一个全面的、完善的计划来帮助他考上大学。而这些年来,我见过很多像博比(以及奥莉维亚)这样的孩子,他们在读了几个学期之后就退学了,因为不适应大学而抑郁,因为觉得自己一无所有而绝望(他们的父母也会这样)。我不是在说这样的孩子都有学习差异,也不是在说有着学习差异的孩子不太容易把大学读下来,不是这样的。问题在于,我没有足够认真地倾听孩子们说的话。有的时候,听到他们的话并不难,他们会来到我的办公室说:"我的父母觉得我应该去上大学,但我不想上。"他们的父母会说:"我的孩子怎么了?有谁不愿意上大学呢?"有的时候,想听到孩子们的话也不是很容易,有些孩子会重复父母的话，每次我问他们高中毕业后想做什么时，他们会说："估计是上大学吧。"但他们的行动却与此相反——逃课、不写作业、每天迟到。他们其实不愿意上大学，但是所有人，包括我，都没有去想象除了上大学，高中毕业后他们还能做什么。

我的意思不是说这些懒散、冷漠、对什么都不关心的孩子不应该上大学。有的孩子在高中时懒懒散散的，而读了大学之后变得非常优秀。这背后的原因有很多，有可能是高中或者社会的环境导致他们放弃，有可能是他们需要时间成长。不过，他们大概表现出了对大学**一定的**兴趣，即便对其他事情都没有兴趣。如果您的孩子也是这样，您可以用上大学来激励他。这样的孩子往往还可以取得不错的考试成绩，或者至少不会逃课，虽然他可能讨厌自己的学校、同龄人、家庭，可能会逃避一年级就认识的好朋友，还可能在父母决定离婚且父亲开始与一个非常年轻的女人约会的时候选择不再关心一切。每次遇到这样的孩子，我会先确认他是否真的想上大学，确认是什么阻碍了他的发展，虽然他难以克服这种阻碍，但我依然需要对它有所认知。之后，我会对这样的孩子说："好的，我们需要做的是制订一个计划，让你从今天开始，一步步成长为一个大学生。"

**您的孩子准备好了吗？**

怎么才能知道孩子有没有准备好了呢？您可以问自己这样几个问题。

- **孩子对大学生活有期待吗？** 许多孩子都会因为备考大学而感到

有压力，却也会因此而兴奋。如果孩子不想上大学，他们平时就不会有意愿去看看校园，从不聊起大学，在您带着孩子逛校园的时候也不会主动驻足。

- **孩子的申请是他们自己独立完成的吗？** 这是我首先会问父母的问题。很多孩子在申请大学的时候都会需要一些帮助，可能需要找人帮忙编辑一下申请书或其他文件，让文章更有条理，但他们会独立完成大部分申请流程。如果父母对这个问题的回答是否定的，甚至说"你在开玩笑吗？孩子都不知道大学申请网站的自己的账号密码"，那么，我可以基本确定这个孩子两年内就会退学。其他的表现可能还会有例外，但这一条几乎屡试不爽。

- **孩子成绩好吗？** 如果孩子在高中时成绩就不好，在一个更紧张的环境里，她恐怕很难取得更好的成绩。

- **孩子会按时上课吗？** 如果孩子还没有准备好读大学，一个最明显的信号是，他在高一的后期及在高二和高三会开始逃课。如果孩子不会主动上学，需要您早上喊着让他起床，那么恐怕他上大学之后也不会自主地去上课。

- **孩子对自己想学什么有想法吗？** 孩子 17 岁时所憧憬的职业不一定就是他以后真正的职业。约 80% 的大学生都更换过至少一次专业。但是，孩子如果准备好上大学，就一定会有些想法。孩子可能想读法语专业，因为她喜欢高中的法语老师，或者她和家人一起去巴黎度过假，但她后来去学了护理；或者孩子可能因为叔叔是经济学家所以想学经济，但后来学了数学，毕业后去做了中学数学老师。这两个例子有一个共同点，就是孩子知道自己**想学的东西**。如果孩子准备去上大学，那么他感兴趣的方向或职业通常需要大学学历。但是如果孩子既对大学没兴趣，他们职业理想也不需要有大学学历，这也不必然意味着他不适合上大学，而意味着他的兴趣并非大学所提供的，或者他还没有准备好做这样的选择。有的孩子在回答为什么想上大学时说得非常简略，比如"我妈妈就读过大学"或者"我喜欢密歇根大学的足球队"。这种回答不够成熟，但至少也是一种类型的想法。有些孩子有时甚至连这样简略的回答都没有，他们可能只是耸耸肩，可能会说他们其实**不想上大学**，我很少见到有孩子去编造一个不存在的理由。而与其直面这个问题，最终引起和孩子的冲突，父母不如换个角度："既然你不想上大学，那么我们来想想其他计划吧。我们从哪里开始呢？"

关于上大学之外的其他选择，请阅读下页方框中的内容。

**博比的故事**

那么，博比后来怎样了呢？您或许还记得，他喜欢在器械店工作，尤其喜欢做实操类的工作——帮别人搭配合适的油漆、钉子、工具。他有一个客户是个木匠，那个客户提出要雇用博比，还要给博比培训。博比把这个消息告诉了妈妈，可是他妈妈立刻否定了这个机会。我在帮博比解决问题时，使用家庭教养APP——**天赋、乐趣、练习**——来看这个工作是否适合他。博比心里已经知道这是适合他的。他喜欢动手，也很开心能涨薪水，他非常有信心自己能掌握这个工作必需的技能。最终，他的妈妈也意识到这个选择是适合他的，而且还能令他兴奋。

我之所以分享博比的故事以及上大学所带来的问题，不是要让您放弃让孩子上大学的梦想，而是希望您能同时意识到还有其他很多可能性，有些或许更合适。许多之前懒散、冷漠、对什么都不关心的孩子可以在大学里获得成功，而许多成绩很好的孩子并不适应大学生活。重点是，要知道自己的孩子究竟是怎样的——他们的兴趣、气质，他们平时都在做什么，他们擅长做什么，并且懂得自己怎样做才能最好地"适应"孩子的成长，帮助他们实现梦想。

### 除了上大学，还有哪些可能？

在我看来，"对于所有孩子来说，都只有一条路可走"的想法是导致青少年抑郁、焦虑、懒散、冷漠的最大元凶之一。我们已经扭转了这样的观念。在本书的电子资源中，有一些关于这个话题的材料，不过，现在我想先列出一些其他选择供您参考。

- **找一份工作。** 有些孩子看上去懒散，但一旦走出校园开始工作，他们的心态便会有所好转。工作给予他们一个目标和计划，让他们在短时间内获得成功。我认识一个学生运动员，他最初在体育馆的接待前台工作，不到六个月就开始训练自己成为健身顾问。在他的高中同学还没有大学毕业的时候，他的收入就很不错了。我还知道很多孩子，他们在房地产、美容美发、餐饮、软件开发等行业工作，过了不长时间就不再是基层员工了。

- **学一门技术**。进入一些技术院校比考大学的竞争还要激烈，如果孩子对工程、制造、护理、美容或者交通等更依赖经验的工作感兴趣，不妨尝试申请技术院校。
- **读社区学院**。对于想上大学却不确定自己想学什么的学生，以及想去工作又想上几节课来感受一下大学生活的学生，社区学院是不错的选择。
- **学习写代码**。孩子如果想直接开始工作，写代码是很有吸引力的。参加编程训练营（Coding Bootcamps）学习课程可以帮助孩子短期内（通常六个月内）找到工作。
- **打破思维定势**。若要打破思维定势，父母需要倾听孩子想要什么，要好好想一想他对什么感兴趣。我见过很多孩子，他们有的成为理发师，有的在私人游艇上当船长，有的成了飞行员，有的参军了，有的从事供热通风与空气调节工作，有的成了销售代表，有的开诊所，有的在农场工作，有的成了厨师。而这些都只是开始。所有这些工作都有上升的空间。有的时候，有些孩子想升职时发现需要大学文凭，还有些孩子17岁的时候不想上大学，28岁时却想上了，这也非常常见。在这种情况下，他们的老板往往会为他们的继续教育提供补贴。

## 做一个"还不错"的家长就已经很不错了

家长如果能根据自己孩子的实际情况来教养孩子，就已经是**不错的家长**了。他们并非完美的家长，会犯错，没有连贯性，愿望和期待不总是和孩子的情况匹配。读完这一章后，您是否在想："我绝不会这样！我要把孩子养得与众不同！"如果是，那么您不是一个人。如果您觉得自己在**努力做**一个不错的父母，那么您已经是了，这样的父母对孩子的期待往往与孩子的年龄和能力相适宜，他们能够关注孩子的想法。每个当父母的都可以学着这样做，但这并不容易，即便是最好的父母（如果存在最好的父母）也需要不断努力。我希望本章及前面各章能够帮您认识怎样更好地理解孩子。在下一部分我将具体谈谈怎样运用您已经掌握的知识来帮助孩子建立合适的目标，以及好的心态会如何让孩子在整个过程中表现得积极而坚韧。

### 想一想 谈一谈 做一做

💡 **想一想**

- 您的哪些童年经历是希望孩子也能体验的？哪些经历是您希望孩子可以避免的？
- 您对孩子上大学有怎样的愿望？这些愿望是一直都有的吗？如果孩子高中毕业之后没有立即上大学，

您会有什么样的感受?

- 您愿意采用哪种教养方式?如果您有多个孩子,教养方式会根据孩子的不同情况而有所调整吗?您的教养方式随着时间有过改变吗?
- 思考下列问题来评估孩子有没有准备好上大学:
  - 孩子的成绩好吗?
  - 孩子逃过课吗?
  - 孩子知道自己想学什么吗?
  - 孩子说过他想去哪儿上大学吗?原因是什么?
  - 孩子能够自己独立完成申请吗?

## 谈一谈

和孩子聊一聊他对未来的期待,可以先问问:

- 你会为上大学而兴奋吗?你因为什么而兴奋?你对什么没有兴趣?你知道自己想学什么吗?
- 想象一下你15岁、20岁、30岁,甚至像奶奶那么大的时候,你觉得自己那时候会做什么呢?你为什么想实现这些事情?
- 想象一下你理想的成年生活,你的一天将是怎样的?

请为您自己和孩子回答以下问题。您希望自己10年之后在做什么?您对孩子有什么样的期待?这些信息会让您明确,这是您的希望,不是孩子的希望,您自己也有很多梦想。这可以帮助您分清哪些是您的未来,哪些是孩子的。

## 做一做

填一填表9，它把这几章的内容综合在了一起。在"您的状态"一栏给出的几个选项只是例子，您可以根据自己的实际情况来想一想自己的状态及自己希望达到的状态。

写一写您对孩子未来的期待，再让孩子独自写一写他对自己未来的期待，也写一写您和他的气质与兴趣。观察一下你们哪些相匹配，哪些不相匹配。有没有什么是彼此无法妥协的？有没有额外的压力让你们难以实现目标或期待，甚至连想一想都觉得有压力？找出这些，聊一聊怎样消除或缓解。

表10是博比和他的妈妈填的表。

## 表 9　综合汇总表

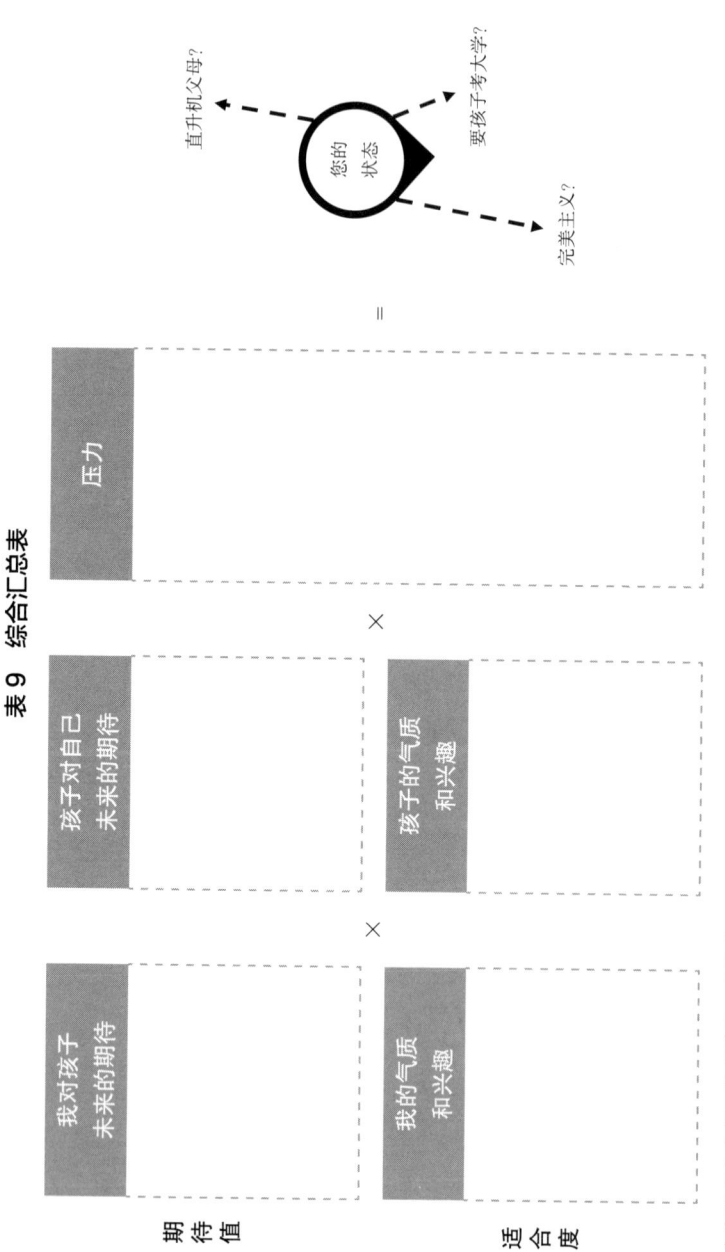

您的状态
- 直升机父母?
- 要孩子考大学?
- 完美主义?

| 期待值 | 我对孩子未来的期待 | × | 孩子对自己未来的期待 | | |
|---|---|---|---|---|---|
| 适合度 | 我的气质和兴趣 | × | 孩子的气质和兴趣 | × | 压力 | = |

本表格来自本书，作者埃伦·布拉滕。© 2023 The Guilford Press。若为个人使用，本书读者可以复印本表格。更多版权信息请见版权页。

## 第八章 因材施教，选取适宜的教养方式 | 187

**表 10 博比的综合汇总表**

您的状态 → 直升机父母？ / 要孩子考大学？ / 完美主义？

期待值 = 我对孩子未来的期待 × 孩子对自己未来的期待

- 我对孩子未来的期待："你不能被同龄人落下。" "每个人都要去上大学。"
- 孩子对自己未来的期待："我现在还没有想好关于上大学的事情。" "我觉得我更愿意当一个木匠。"

适合度 = 我的气质和兴趣 × 孩子的气质和兴趣

- 我的气质和兴趣：完美主义者，有些容易焦虑。喜欢艺术史，喜欢阅读和社交。
- 孩子的气质和兴趣：有条理，在社交场合比较慢热。喜欢需要动手的工作，愿意弄清楚事物的工作原理。

压力：
- 把自己和别人相比，担心比不过别人。
- 与人交流有困难。
- 担心孩子日后如何挣钱生活。

# 第三部分

# 重燃热情

# 第九章

# 设定目标，共同实现

孩子往往不容易识别出终点在哪里，特别是对一切都不关心的孩子。当他们感到沮丧或不堪重负时，他们会问："目标是什么？做所有这些事的意义是什么？"而父母的心里却有很多目标。在上一章，我们讨论了把上大学作为目标的利弊。除此之外，父母还会给孩子设定一些其他目标，而这些目标也可能会妨碍真正的、切实的目标，导致孩子陷入懒散的状态中，无法做出积极的转向。我之前讲过，在我听说过的父母设定的目标中，最常见的目标之一，甚至可以说"**唯一**"，就是"希望孩子快乐"。对于这些对什么都不关心的孩子们来说，他们的父母尤其如此。这些孩子总是看上去不太开心，想必他们的父母非常担心他们陷入这样的循环中。

父母希望孩子快乐，这一点不难理解。如果一个人经常感到快乐，他也更容易拥有良好的人际关系，愿意花更多精力帮助别人，别人也更喜欢他，甚至这样的人睡得也更香。您或许会认为，在这样一个关于设定目标的章节中，一定会涉及一种目标，那就是让自己更快乐。但其实，快乐不是目标，快乐是正确的目标所带来的**结**

果，它是结果，而非目标本身。在本书的第一部分我们讨论了您需要去发现孩子的家庭教养 APP，即**天赋**、**乐趣**、**练习**，孩子擅长做、喜欢做、经常做的事情。在第二部分我们讨论了气质、期待等因素是如何影响孩子的 APP 的。但是，找出 APP 中各方面的因素与困难只是一个开始，我们还要用我们掌握的信息来设立合理的目标。

> 快乐不是目标，是实现正确目标所带来的结果。

如果孩子懒散、冷漠、对什么都不关心，那他通常不快乐，也没有目标。即使他有目标，这个目标往往也并不被那些爱着他的人认可。要想帮助孩子，就要帮他找到合适的目标，用这些目标去激励他，让他找到生活的意义。

## 什么是有效的目标？

我们经常提到"目标"这个概念，但却未必完全明白应该怎样有效地运用它。当我们聊起目标时，有一些基本事项需要注意。

- 目标是要**被选择而非指定**的。孩子应独立选择自己的目标。孩子如果谈到自己的兴趣，那您可以以此切入，但切忌将其作为孩子"必须"做的事情。孩子往往不直接使用"目标"一词，而是说得比较模糊，比如"我想加入纽约洋基队[1]""我想当消防员"。关于如何激发孩子产生关于目标的想法，请阅

---

[1] 编注：美国职业棒球大联盟中的棒球队伍之一。

读下页方框中的内容。

- **目标需要清晰具体**。我建议您让孩子把目标写下来。或许您觉得一个 13 岁的孩子不可能写出自己的学年目标，但如果您想了解他的 APP，让他决定自己想要什么，那么写下来就会非常容易。您甚至可以帮他找个理由：之所以写下来，是因为怕你忘记了。
- 要以**积极的心态**设定目标，设定目标不是为了吓唬孩子，而是让他迎接一个可以努力战胜的挑战。（检查一下孩子的 APP 中的 A，即天赋，确保他有相应的能力。如果他的能力不足，就要帮助他设定一个可以实现的目标。）为了实现目标所需的步骤也应**清晰明确**，**着眼当下**。如果这些步骤在遥远的未来才能完成，现在甚至都无法想象，那么这个目标也是虚的，比如，如果孩子的成绩是 B 或者 C，并在阅读上有些困难，那就不宜把"年底成绩全 A"作为目标，不妨选择一些学科去突破，设定一个短期（比如学年的第一个月）目标。
- 设定目标须**关注孩子的能力**，孩子应对相关技能有所掌握。
- 目标**不是一次就可以定好的**，而是需要反复调整。目标定好后，过段时间我们要去思考已经产生的效果，必要的话修改目标，再次尝试。我们还可以放弃目标。我们并不会完成所有计划中的事项，但是当放弃目标的时候，我们要关注过程。总之，过程是灵活的，修改目标有助于成功。

### 一些可以和孩子讨论的问题

设定目标不是一件事情，而是一个过程，是一项技能，孩子（以及成人！）需要运用目标、修改目标。当您希望孩子想一想自己的目标时，不妨试着问问下面这些问题。

- 什么使你开心？
- 你期待什么？
- 什么使你兴奋？
- 有哪些事情你觉得很难，却依然愿意做？
- 你崇拜什么样的人？为什么？
- 在这个学年里，你有什么希望实现的事情吗？这个季度呢？这周呢？在历史课上呢？

你们可以常常讨论这些问题。我发现，父母总是自以为知道什么事情能让孩子兴奋，孩子在学年里有哪些愿望，但他们从来不去问问孩子。要多去问问孩子，不要自以为是，这一点非常重要。

## 目标选择应清晰、具体，与孩子的发展状况相匹配

对什么都不关心的孩子，他们的目标往往不切实际、难以实现，这一点前面已经说过，但仍有必要再次提起。对于孩子的发展和成功而言，设定目标、为实现目标而做出规划、成功践行每一个

步骤，这些都是非常关键的。离开这些，孩子会感到茫然无措。有些孩子是幸运的，他们遇到了能给予他们帮助的成年人，得到关于如何设定合理目标的指导，比如一位为他们打开绘画世界大门的美术老师、一位了不起的体育教练、暑假打工的冰激凌店老板等。拥有一位良师非常重要，他们可以**帮孩子建立目标**，可以告诉孩子："你很有艺术天分。""顾客都很喜欢你，你很有商业头脑。"要想和孩子聊一聊关于设定目标的话题，不妨从这些点来切入。不一定要使用"目标"这个词，这取决于孩子的年龄。如果孩子8岁，看上去对什么都不感兴趣，您可以先这样说："让我们聊聊，在这个学年里，你打算用业余时间做点什么呢？"如果孩子14岁，在学习上遇到一些困难，您可以先这样说："这个学期我们是不是可以改变一下课程？""这个学期让你最快乐的事是什么？"在这样的对话中，孩子更容易选出他们想要的东西，他们一旦知道自己努力的方向，就更能受到鼓舞，而如果他们在本以为无意义的事情上看到进步，他们将更加自信。

> 要想和孩子聊一聊关于设定目标的话题，不一定要使用"目标"一词，您可以先来问问孩子在暑假或者新学期的业余时间想做些什么。

SMART在英文中意为"智慧的"，这也是五个词的首字母缩写：**具体的**（specific）、**可衡量的**（measurable）、**可实现的**（achievable）、**相关的**（relevant）、**有时限的**（time—based）。这五个原则近年来在商业中常用于指导人们如何设定目标，对于孩子来说也很有参考价值。如果目标不具体，比如"我想成为CEO"，这样的目标就不会有太大作用，但是，这类目标经常被父母挂在嘴边，比如下文中所举的特迪的例子。

## "SMART"目标可以奏效

"他非常像一个企业家。"这是特迪的父母对特迪的描述,当时特迪只有 12 岁。他的父母又说道:"很多企业家都没有完成学业,比如比尔·盖茨和扎克伯格,所以我也不打算在成绩上对他要求太高。不是每个孩子都是好学生,不过至少他要努力过。但是他已经上初中了,还是看上去什么都不愿意做。他落后太多了,我们不知道能做些什么。这样的话,他肯定不能成为 CEO 了。"

我是在十一月见的特迪,当时他上八年级。他对我说:"七年级这一年我过得非常辛苦。威尔是我最好的朋友,他在二月搬去佛罗里达了。后来棒球赛季开始,但我手臂受了伤,不能打球。"特迪说,在威尔搬走后,他心里很孤单,没办法去结交新朋友,也没有朋友一起出去玩。他本来寄希望于新的棒球赛季,但他骑车摔倒伤了手臂。他本来希望夏天可以去营地游泳,但只能打打游戏,看着别人做那些他想做的事。八年级开始时,他心情非常低落。

"我想在学校好好表现。我爸妈觉得我对什么都不关心,其实他们错了,我只是不愿意做那些他们想让我去做的事。他们觉得我能好好写作业,但我做不到。"

由于这些原因,过去的九个月对特迪来说是一场煎熬,他既孤独又迷茫。他发现,出于很多因素,写作业对他来说变得很困难。只要他坐下来打开作业本(他确实**坐下来**了),他就觉得自己好像被恐惧包围了。他是有打算学习一下西班牙语单词,或者做代数作业的,但他后来控制不住地刷视频。每次他父母提醒他该睡觉了的时候,他还什么都没做,他觉得压力很大,用他的话说,他觉得

"自己是个失败者"。

在特迪的描述中，他很难让自己去关心一些事情。当人们处于抑郁之中时，的确是很难找到动机的。与抑郁相伴而至的是，特迪开始感到焦虑，这又让他的睡眠变得困难，而睡眠障碍又会导致注意力涣散。抑郁、焦虑、睡眠不足、注意力涣散，这构成了一个恶性循环，最终导致他掉入更加抑郁的深渊。

我试着帮特迪建立目标。首先，我问了他一个问题："特迪，如果我可以帮你实现一个愿望，你的愿望是什么呢？"

他说："我想好起来。"

这时，我们应该先搞清楚他说的是什么意思，因为按照SMART的理念，目标首先应该是具体的。随着对话的展开，目标逐渐变得清晰，特迪希望不再这么抑郁、焦虑，所以"缓解抑郁焦虑"成为我们的第一个目标。这个目标满足SMART理念的要求，它是**具体的**，而且**可以衡量，可以实现**，与特迪**紧密相关，在一定时间内**可以完成。为达成目标，特迪答应接受为期四个月的认知行为治疗。在这期间，他每两周向他的治疗师汇报哪些干预有效、哪些无效，并复盘他取得的进步。如果认知行为治疗不如他预期的在短时间内有效，他会接受药物治疗。

当特迪说出第一个目标的时候，我又让他多说了两个："现在你可以实现三个愿望。除了不再抑郁、焦虑，还有什么呢？"

特迪很快给出了另外两个，希望在学校里表现得更好，希望重新开始运动。这让特迪的父母很是惊

> 我们总以为孩子如果没有动机，就不会知道自己想要什么，其实孩子对此很明白。

讶。孩子通常对自己想要什么非常明白。而特迪的父母和其他对什么都不关心的孩子的父母一样，很担心特迪的回答是自己不喜欢的。但特迪设定的这些目标，固然需要去分析，需要完成一些任务，但对他父母来说总归不算困难。要想特迪不再那么抑郁，重新开始运动，不难想到方法，比如找一个合适的治疗师，和父亲一起去体育馆锻炼，试着参加篮球队等。

要想特迪在学校表现得更好，相对来说不是那么容易，因为这个目标并不具体。于是，我问特迪："如果你想在学校表现得好，需要做些什么呢？"

特迪低着头说："我不知道。我觉得我很难赶上别人了。"

我对他说："让我们一起想一想。"我们列了一个清单，里面是特迪希望做到的事。

- 把所有代数作业交齐。有的已经完成了但还没有上交。
- 在英语课上，能阅读《噩梦小偷》(*The Nightmare Thief*)。
- 在西班牙语课上，能做一个三分钟的短片。
- 重新参加历史考试。
- 整理科学课的两个实验。

在列这个表格的时候，特迪的想法很矛盾。一方面他觉得这些任务难以实现，另一方面他又觉得任务没有想象的那么多。在把这些写下来之前，他非常焦虑，但并不确切地知道自己为什么在焦虑。现在他知道了。虽然他要为此下功夫，但至少这个清单看上去不是无边无际的。

接下来，我和特迪聊起该如何入手。我们谈到了他什么时候有时间去完成这些任务，和老师聊一聊会不会有所帮助。我们针对每一项都列了一个计划，给这些任务排了排序，设定了期限。特迪决定去找老师聊一聊，这也确实有所帮助。他的历史老师口头同意了他可以补考，这让特迪的压力小了很多。英语老师同意他听《噩梦小偷》的有声书。特迪还找了一个家教，帮助他完成作业。渐渐地，特迪不再是那个对什么都不关心的孩子了，没有什么灵丹妙药，一切都是特迪和他父母努力的成果。在学年结束时，特迪追上了他的同学，实现了他的目标。在这个过程中，特迪和他的父母意识到传统的公立高中可能不适合他，他们寻找了其他的方案，最后选择了一所特许高中①，他觉得他的学习方法和兴趣爱好更适合那里。

特迪成功的关键在于，他的目标被落实为清晰具体的行动方案，其中涉及这些问题："需要完成的都有哪些？""这个目标为什么重要？""要帮助特迪实现目标，有哪些人需要参与进来？""他需要哪些资源？"如果目标看上去不切实际，特迪可以进行调整或者更换。特迪还为目标设定了一个期限，这样他会更加专注、更加努力。如果目标最后没有实现，他就需要想一想原因何在。当目标**实现**时，他们为此庆祝，同时讨论新的希望与梦想（并设定新的目标）。

---

① 译注：特许学校是美国政府在公立学校教育体系之外特许成立的学校，无须遵守公立学校的种种规则限制，可以自主选择教育教学方式。

> **当孩子因为太抑郁而丧失关注力**
>
> 许多因素都有可能引发抑郁,比如失去朋友、由父母离异等造成的压力、服用药物,等等。如果孩子深度抑郁,父母首先应该寻求治疗。实际上,即便是成人,一旦陷入深度抑郁,也很难设定目标。

## 让孩子参与目标的设定

特迪的故事可能会让您觉得,设定目标听上去的确不难——无非是选一个目标,制订计划,付诸行动。但这只是听上去而已。如果孩子处于抑郁、焦虑的状态之中,对一切都不关心,那么在设定目标并实现目标的过程中将会遇到很多阻碍。不过,要让孩子参与目标的设定,帮助他们成功,有些办法依然可行。请记住下面这些事项。

- **问问孩子她觉得自己能不能实现目标。**如果她觉得不能,那么这个目标便是不可实现的——**哪怕是您认为孩子应该说行。**我曾经遇到过一位家长,他的孩子读四年级,他说他的孩子就快要以"铅笔头"为专业了,因为孩子在写作业的时候什么都不干,就只盯着铅笔上的橡皮头。而这种情况之所以出现,往往是因为孩子觉得这些要求自己做不到或者不知道该怎么做。

孩子这时需要把目标拆解成几个可行的步骤。比如，这个盯着铅笔头看的孩子，他的作业是"就你喜欢的电视角色写一篇两个段落的小文章"，对有些孩子来说这份作业并不难，但对他而言，这个问题太宽泛了。他首先要做的是"聊一聊自己喜欢的电视角色"，然后是"有最喜欢的吗""为什么最喜欢这个角色"。这个任务虽然很简单，但可以举一反三。请注意，我最初的问题不是"你最喜欢哪个电视角色"，因为这个问题对有些孩子来说不好回答，他们可能不知道怎么选择。在让孩子完成任何一项任务的时候，都要确保这是他可以做到的，如果任务太过庞大，可以进行拆解。问问孩子，她觉得自己需要哪些步骤，这些步骤可操作吗？如果回答是否定的，便要将其细分为更小的步骤。

- **要对实现目标所需的时间有一个现实的认知。** 在 COVID-19 流行期间，我学习（或者说重学）了许多课程，其中一些需要投入时间，于是我一天中的大多数时间都坐在电脑前。后来我的颈部开始疼痛，之后发展成肩膀疼痛，最后甚至手臂发麻。当我终于意识到痛感和麻感是问题时，情况已经非常严重（已经过去了较长的一段时间了），我去找了医生科林。科林医生教了我一些锻炼的方式，告诉我需要一段时间才能恢复。第一周过去后，我非常沮丧，因为没什么好转。对于这种日积月累导致的问题，我太过盲目乐观地相信我可以去改变它，**我做了所有应该做的**，但一周之内情况依然没有好转，我非常难过。医生告诉过我康复**需要**六到八周，但我依然固执地抱守自己的想法。所以，当您在面对那些难改的积习和行为时，也请记住这一点。同样，您最好也能意识到，旧有习惯经常会死灰复燃。我的肩膀酸痛就是在康复了一段时间后又复发的，我当时又一次非常丧气。医生向我保证说这是很正常的，但我脑子里只有一个声音："我已经达到这个目标了，我已经好了，我不应该再经历一遭。"当这种事情发生时，请不要灰心，这很正常，也应在预料之中。

- **一定要把控时间**——不仅是整个过程需要的时间，而且要随时跟进。懒散的孩子往往**对时间缺乏认知**，他们对时间的流逝没有感觉，也不太能区分不同的时间阶段。他们说不出究竟是过了 10 分钟还是 40 分钟。这会导致他们在面对有着具体时限的目标时感到非常困难。所以，不能仅仅告诉他完成某个项目还需要 10 分钟或者 2 天，还要告诉他，**他已经做了** 10 分钟或者 4 天了，以此帮助他建立时间概念。可以使用电子日历、备忘录、钟表，但这些工具往往预设使用者能理解时间概念。我们花很大功夫教给孩子**时间管理的技巧**，但孩子是无法管理自己理解不了的事情的。

> 如果孩子对一切都不关心，那他需要加强对时间的认知。不能仅仅提醒他们距离完成一项任务的截止期限还剩多久，还要告诉他们，他们在这项任务上已经花费了多久。

- **树立责任感**。如果我们把计划告诉了别人，计划往往更容易实现。有些孩子经常无法实现目标，因为他们害怕失败，所以逃避责任。他们很不喜欢别人告诉他们自己要承担责任，因为他们做不到。所以，要通过告诉他们这件事情很重要，让他们管理自己以实现成功，而别人的赞赏或指责是在帮助他们完成计划。
- **别忘了奖励！** 我们之所以去做一件事情，是因为能获得正向的结果，也可以说是奖励。当我写完这本书的时候，我会有成就感——这是内在的奖励，而对我来说更重要的成就感来自读者购买了这本书（**先提前谢过大家**）。奖励不分大小，都很重要。在孩子的生活中，父母也要多给他们奖励，小奖励如出去玩、买零食、去社交、上网聊天等，大奖励如学期结束后出去旅行，这些都可以成为孩子生活的一部分。但是有一点：不要选择容易让孩子沉迷其中的事情作为奖励。上网聊天（或者美食、电子游戏、电视节目）只适用于部分孩子，而非所有孩子。要用心选择给孩子的奖励。

对于不同年龄段的孩子，要帮助他们选择合适的目标，有很多应用软件和资料可供参考，我列出了其中的一些，读者可以在本书配套的电子资源中查看。

---

### 设想自己不希望发生的事情

在设定目标时，有一样事情很重要，那就是谈一谈自己不希望发生的事情。您会发现，您和孩子的这一类"目标"往往是一致的。区别在于，父母通常清楚地知道他们**不希望孩子发生的事情**，比如"我不希望孩子被老师留在学校""我不希望孩子因为不交作业而代数考试不及格"，但是孩子对此只有一个模糊的概念，这导致他感到焦虑和恐惧，从而影响他们的生活。您可

> 以问问孩子，他最**不**希望发生的一件事（或者三件事）是什么。他们可能会说"不想化学不及格""不希望谢丽尔在舞会之前跟我绝交""不想让父母总对我发脾气"。虽然您左右不了谢丽尔，但您应该也不希望孩子化学不及格，也不想总对孩子发脾气。和孩子聊一聊他**不**希望发生的事情，可以让您更懂得孩子。（顺便说，事关孩子和谢丽尔的友谊，要记住孩子的话，这样如果他们真的绝交了，您便会意识到这件事对他来说多么惨痛，您可以以此来帮助孩子调整目标。）

## 当目标已经确立，下一步呢？

新年计划通常无法实现，因为我们列完计划后从来不实行。如果只是设定目标，但不持之以恒地跟进，目标就只是一个愿望而已。这种情况非常常见，特别是如果孩子对一切都不关心。如果这样的孩子的目标最终能和父母的目标达成一致，每个人都会松一口气。事实上，让所有人步调一致已经很不容易了，就不用再为此生气、焦虑，更何况很多家庭认为他们的目标已经实现了。

举一个例子。蕾妮 11 岁了，从六年级开始她就不再写作业，这里面有很多原因，其中包括她确诊了数学学习障碍，组织条理性不强。她的父母对我说："谢谢您帮助我们知道了蕾妮的症结所在。"我给了他们很多帮助蕾妮成功的建议，比如找一个家教，向学校寻求支持。但是他们并未采纳，也没有据此设定具体的目标。

他们当时感到很宽心，因为蕾妮的问题并非出于抑郁、智商低下，或者用她妈妈的话说，"就像我姐姐那样，有长成不良少年的苗头"。他们并没有立刻采取行动，也没有向学校提出包括数学家教在内的个别化教育计划的需求。6个月后，他们找到我，告诉我蕾妮并没有好转。他们承认，自己之所以没有告诉学校蕾妮的测试结果，是因为担心蕾妮在学校被别人指指点点。他们现在需要一些建议，以了解这些目标为什么对蕾妮非常重要，以及一旦目标设定好，下一步将怎么做。

**要实现目标，应把握好实现目标的过程**

设定目标之后的下一步便是管理目标。要怎么做呢？首先，**把目标写下来**。这样可以增加目标实现的概率，也可以帮助您时刻记着目标是什么。其次，**经常复盘**。孩子成功了，或者付出了，就要表扬他。挫折和失败是难免的，要诚实面对，问问孩子他觉得为什么事情的进展与他设想的有出入，和他聊一聊您之前相似的经历，帮助他学会调整目标。

此外，**帮孩子建立自主性**。您可以告诉孩子，遇到问题时他应该先自己独立想办法，再去寻求帮助。与其直接上手帮他解决问题，不如给他提供情绪和行动上的帮助。如果孩子想到的解决办法不太能奏效，您就和他一起进行头脑风暴，想想其他主意，逐渐让他想出更适合的方案以获得成

> 在为实现目标而努力的过程中，孩子需要建立自主性。所以当孩子遇到挫折时，问问他为什么觉得这是个挫折，给他讲讲您自己失败的经历，要给孩子提供支持，而不要直接替他解决问题。

功。最后，**搭建一个"脚手架"**。当孩子依靠您的帮助能经常取得成功后，您可以逐渐减少对他的帮助，让他收获更大的成就感，也承担更多的责任。

## 所有这些意味着什么？找到目标的意义

威廉·达蒙（William Damon）在他的著作《目标感》（The Path to Purpose）中谈到，成功的身份认同发展（identity development）是一个长期的过程，需要人们不断思考。这意味着，我们有时要延迟我们的决定，或者拒绝那些别人认为重要而我们自己认为毫不重要的事情。在身份认同发展中，"目标"这个概念非常关键。要找到目标，就要问问自己"我**为什么**要做这件事""它**为什么**重要""它对我、对我所关心的人、对除我之外的人**为什么**有意义"。这就是我们做一件事的原因，这也意味着我们要去做那些既利己又利人的事情。设定目标、实现目标、调整目标，这些可以帮助孩子发现自己的意愿。

达蒙在他的书中采访了年龄在 12～22 岁的年轻人，问了他们类似前面提到的那些问题。只有 20% 的受访者对自己生活的走向有清晰的规划，他们知道自己想实现什么，以及为什么。有 20% 的受访者称自己没有任何意愿，其中一些表示他们不认为自己需要有目标（我推测这些孩子平时在生活中可能比较懒散、对什么都不太关心）。另外 60% 的受访者参加过一些活动试图找到目标，比如做志愿者，或者和咨询师聊一聊关于未来的设想，但他们仍然对于自己的目标是什么及如何实现非常茫然。他们会做那些别人希望他们做的事情，但他们无法通过做这些事情找到**自己的**目标。

原因有很多，其中之一是，有些父母和孩子太过关注短期目标，比如第二天的理科考试成绩或者毕业所要求的志愿服务时长，但他们从未一起好好聊一聊未来，聊一聊他们真正想要什么。您的孩子可能会说："有谁喜欢学习呢？等我工作之后，没有人会关注我的成绩。"这说明孩子不明白努力学习和取得好成绩之间的关联，这样的孩子通常会问"这么做有什么意义"，这也是在问"为什么要这么做"。而父母在试图解释的时候，常见的说法是"成绩不好，就会一事无成"。他们很少会这样解释："我们要取得好成绩，是因为我们需要接着上学。优异的成绩意味着有更好的机会。如果好成绩所带来的机会对你没有吸引力，如果你不想上大学，不想上私立高中，我们也可以聊一聊。但是我们也需要聊一聊成绩不好有哪些后果。"有些孩子嘴上说自己不需要好成绩，但他们**实际**上是希望成绩好的，只不过，他们不知道如何才能获得好成绩（比如有学习障碍），或他们只是想告诉你他们不需要好成绩带来的机会。如果孩子不喜欢上学，那么成绩好就意味着接着上学，所以他们通过让自己成绩差来告诉父母他们的目标就是**不**去上学。要解决这类问题，您可以试着和孩子聊一聊更远大的人生目的。这也可以帮孩子建立积极的自我认同。成年人不能代替孩子回答"我的人生意愿是什么"这种问题，但我们可以提供指导、给予反馈，并且创造让他们体验成功的机会。孩子需要的环境应该是充满鼓舞而非谴责的。成年人不能假定自己知道孩子想要什么，而要更多地倾听。这不意味着我们允许孩子为所欲为，而意味着我们要提供指导、反馈,以及与他们意愿相符的机会。要想尝试和孩子开展这样的谈话,可以从以下这些问题入手。

- 什么样的事情对你很重要?
- 这些事为什么重要?你为什么关心这些事?
- 想象一下你 15 岁、20 岁、30 岁的样子,你觉得那时候你会取得怎样的成就?
- 你为什么想做这些事情?
- 想象一下理想中成年人的生活,这样的一天应该如何度过?
- 成为幸福的人意味着什么?拥有良好品质意味着什么?
- 想象一下你到了为人祖父母的年龄,你希望别人怎样谈起你?
- 你崇拜别人身上的哪些点?你想成为他们吗?为什么?

> 如果孩子明白了努力和结果之间的关联,如果他们的短期目标可以和长久的目标与人生意义联系起来,那么孩子便能保有动机。

孩子对上述问题的回答可以成为设定目标的切入点,也可以帮助孩子找到这些目标的意义所在。如果讨论也与您的目标相关,那么您也可以参与讨论,不是只有孩子需要关心自己的未来,成年人也可以从设定目标中获益。同时,您若能将设定目标作为一辈子的习惯,您本身就为孩子树立了良好的榜样。您还可以邀请其他家庭成员参与其中,在一年中的不同节点回答这些问题,比如学年的开始和结束时,并把回答记录下来。要着眼于长期的目标——要知道我们大多希望在成年后能对自己的身份和目标有清晰的认知——这将有助于我们设定并去实现短期目标。如果孩子的回答总是在改变,那也没有关系。孩子可能会在第一个月想到一份理想的职业，但在第二个月就变了，可能第一年里是一种着装、举止的风格（甚至习惯的语言风格），但在第二年又变了。这个过程正是孩子（尤其是青少年）在寻找适应这个世界的方式。作为父母和老师，要倾听孩子的心声，关注孩子的未来，考察孩子的行为能否让他收获他想要的未来，能否让他成为他想成为的人。

## 任何年龄的孩子都可以设定目标

在这一章中，虽然所有的例子都关乎初中生和高中生，但不只是青少年才需要目标。事实上，很多青少年之所以对目标没有概念，或者不明白目标为什么重要，是因为他们从很小的时候开始就从来没有过目标。任何年龄段的孩子都应该学着设定目标。下面这些目标适用于更小一些的孩子。

- **教育**：学习长除法；每个月去两次图书馆，给妹妹读一本图画书；学一项技能（比如烘焙蛋糕）；上钢琴课。
- **安全健康**：坚持使用防晒霜（对于皮肤敏感的孩子来说这可能会有困难）；系安全带；增加睡眠时长。
- **营养**：每周尝试一种新食物；少吃垃圾食品；学会用微波炉"做饭"。
- **健身**：每周进行一次以上户外活动，每次时间须在半小时以上；和妈妈一起骑自行车；上游泳课。
- **关系**：多和祖父母在一起（如果住得相隔很远，就保持联系）；和学校里的新同学一起玩。

### 孩子的目标为什么会不切实际？

这一章的大部分内容针对的是懒散、对什么都不关心的孩子往往缺少目标这一问题，但是，有些孩子的问题是目标太过高远了，还有些孩子这两种问题都有，他们的目标不多，而且全都难以实现。这里所谓的"难以实现"，指的是类似"我想成为摇滚明星，在20岁时当一名CEO，或者成为职业足球运动员、意见领袖、网红……"这样的目标。

这样的目标，有的源于父母的参与，比如前面提到的特迪的父母，但更多的是孩子自己设定的。我们可以谴责社交媒体的不良影响，现在更看重金钱而非谦逊等德行，我们将这个现象称为"美国偶像综合征"（American Idol syndrome）。我们太看重金钱和名誉了，而金钱和名誉往往和天赋无关。那么，父母对此应该做什么呢？

- **了解孩子的天赋，和孩子聊一聊不切实际的目标**。您并不想打击孩子的梦想，特别是他的梦想不是那么不切实际的时候。同时，您也可以告诉他即便有些目标不切实际也没有问题，他只需确保自己首先……
- **了解为什么孩子会有这样的目标**。在这种生活方式或选择中究竟有哪一点吸引了他，让他希望拥有？
- **和孩子聊一聊为什么您认为这个目标是不可实现的**。您能为自己的观点找到数据支撑吗？如果能的话，您可以用上这些数据。

> ❏ **让目标变得切实可行。**成为亿万富翁不是目标,而是很多个目标的实现所带来的结果。要帮助孩子理解这个道理,帮助他设定实现目标的计划。

### 特迪的又一次到访

在这一章的前面部分,我讲了特迪的故事。在特迪上完八年级的时候,他获得了成功。他的成功绝大部分要归功于他自己,当然他的父母和老师也很重要。特迪八年级结束时,我被邀请参与了一次讨论,内容是针对特迪即将升入高中要做的准备,在场的还有他的父母和老师。讨论本来一切顺利,直至他的父母问了这样的问题:"您为什么不建议他下一年修完预修课程呢?""如果我们不再推着他上高中,您不觉得他可能会放弃吗?"这让我开始担心,我们为了让特迪不再那么懒散、冷漠而付出的所有努力,会不会在他高中第一学期毁于一旦。老师们也开始对特迪如何上九年级的课程给出了一些保守的建议。

特迪的爸爸看着我说:"医生,您认为特迪能做什么?您说过,他在同龄的孩子之中智商属于前 10%,难道他不应该接受更大的挑战吗?"

我深吸一口气,然后回答道:"特迪的能力是,当他决定要做一件事情的时候,无论是什么事,他都会去做。可是,所有的高中预修课程他都**能**取得 A 吗?如果分数取决于智商,那么答案是'能'。但他为什么会**想**这样做呢?为什么会**有人**想这样做呢?当然,的确有一些孩子就是热爱学习,他们为了学习而学习,但特迪不是这样的孩子。在学习预修课程之外，他还有很多爱好。大多数人，包括非常聪明的人，都只会选择一两个他们喜欢的领域，在这些领域中做到最好。特迪更适合选择一部分课程，选择他喜欢的课程，他愿意迎接这些课程带给他的挑战，而不是在所有科目上都迎来挑战而无力面对。"

一些老师鼓起了掌，他的父母看上去也轻松了。

指导老师问我："您可以把这些话讲给特迪班上其他孩子的家长吗？"

我们都笑了，我们知道我们都有这些问题。不仅仅是父母给孩子增加压力，老师也是。像我这样的心理学家也在要求特迪这样的孩子调整自己以便尽量逼自己一把。这些都不能算错。我们都知道特迪喜欢什么，但我们很轻易地就把它忽略了。过去几年，我参加过许多会议，在会上，老师们鼓励高中生修读最难的课程，家长们执意让孩子选最难的课程，我也赞同要帮助孩子好好调整以便让他们适应那些课程，在其中感觉更舒适，更自主。

但是，在这些例子里，我们都忽略了孩子本身。那些拥有最强自尊的孩子，往往在他们认为重要的领域表现最好。所以，我们应该鼓励孩子去找到并重视他所擅长的东西。这可以帮助他建立一种"成长型思维模式"，也就是，让他相信，通过努力他可以获得改变和进步。那些什么都不关心的孩子，他们往往缺乏这样一种思维模式。如果孩子没有正确的目标，我们就很难培养他建立这样的思维模式。现在您已经懂得该如何设定目标了，接下来我们谈一谈怎样应用目标来改善孩子的思维模式，让孩子对事情多些关注。在此之前，我们先来看一看本章的"想一想、谈一谈、做一做"。

## 想一想 谈一谈 做一做

💡 **想一想**

- 在您的记忆中,您设定的第一个目标是什么?实现了吗?如果实现了,是怎么实现的呢?如果没有实现,是因为什么呢?
- 在向着目标不断努力的过程中,您都做了哪些练习呢?这些练习对您的孩子也有效吗?为什么?
- 您对孩子抱有什么样的目标呢?切实可行吗?您对孩子的目标与孩子自己的目标有关联吗?

💬 **谈一谈**

- 如果要谈论设定一个目标,就问问:
  - 要实现目标,都需要什么?
  - 这个目标为什么重要?
  - 要实现目标,哪些人需要参与进来?
  - 实现目标需要哪些资源?
  - 实现目标需要掌握哪些技能?
  - 你认为实现目标需要多长时间?
  - 你打算如何跟进整个进程?
- 如果要谈论一个已经设定好的目标,就问问:
  - 在实现目标的过程中,有哪些预料之外的因素吗(无论是积极的还是消极的)?

- 你觉得自己可以独立完成下一步吗？如果不能，你需要哪些帮助？
- 在实现目标的过程中，你对自己有了哪些认识？

### 做一做

- 许多图书都谈到了与孩子设定目标相关的话题，您能在本书的电子资源中找到它们。这些书中列举了很多活动，可以用来帮助建立个人的、班级的、家庭的目标。
- 您可以利用下面这些表格开始设定目标：

https://inside.sou.edu/assets/socsci/Advising__Student_Success/Goal_Setting/ica.SMARTGoalWorksheet.pdf

www.sandiego.edu/hr/documents/STAFFGoals-PerfPlanningGuide1.pdf

www.chemeketa.edu/media/content-assets/documents/pdf/students/student-services/counseling/career-development-model/GoalSetting-Worksheet.pdf

# 第十章

# 保持灵活，维系动机

如今，随便翻开一本关于教育或教养的书，您八成会看到一个术语：**成长型思维模式**（growth mindset）。如果您还没有听说过这个术语，那么您多少也会听说过一些由"成长型思维模式"衍生出的习语，比如"不要表扬孩子，要表扬孩子的努力""我知道数学很难，但你**努力**了，这是最重要的""不是每个人把理科都学得很好，没关系，你擅长其他领域"。父母既要懂得成长型思维模式的概念，还要明白怎样帮助孩子灵活运用这一概念来解决问题、设定目标，这对于提升孩子的动机至关重要。

## 成长型思维模式与固定型思维模式

**成长型思维模式**这一术语最初由心理学家、学者卡罗尔·德韦克（Carol Dweck）提出，德韦克认为有些孩子更有韧性，她在研究中所强调的**思维模式**，即我们为自己发展的思维图景，主要关注成长。德韦克认为，人的思维模式分为两种，一种是**固定型**，相信自己的品质或定位是一成不变的,另一种便是**成长型**,相信品质可以改变,可以靠自身努力而提升。持有固定型思维模式的人经常会感到无助:"我能怎么做呢？我就是这样子的。"而持有成长型思维模式的人会视挑战为机遇:"如果一生中都遇不到困难,又怎么能学到复杂而有趣的东西呢？"

孩子的思维模式左右了他们的性格是乐观还是悲观的,决定了他们的目标,影响了他们在学业上和运动上的成就与成功。如果孩子的思维模式是固定型的,他认为自己的能力不会发生变化,那么当他面临挑战时,便更容易选择放弃,当他受到批评或者遇到挫折时,便会更确信自己没有做成这件事情所具备的能力。而如果孩子的思维模式是成长型的,他认为自己的天赋和能力都能得到提升,他会相信自己可以在挑战的过程中学到新东西,并且在困难面前坚持下来可以提升自己的能力。他知道有些人在运动、艺术、学业等领域天赋异禀,但他也相信天赋不是唯一。

孩子的思维模式会在他与父母、学校老师、家教、教练的相处过程中逐渐养成。这一过程是复杂的,因为在孩子发展自己思维模式的同时,他身边的成年人的思维模式或许已经固定下来了,这些成年人相信他们自己已经知道孩子未来是什么样子的了。读这一章时,我希望您能思考一下孩子身边的那些成年人,他们的言语和行为会如何影响孩子的思维模式。比如,三年级的老师通过阅读二年级的老师所写的报告,对自己班上的孩子产生固定的印象。当她读到"帕梅拉很爱说话,注意力不容易集中,不太喜欢读书"这样的评语时,她心里可能会想:"帕梅拉不是特别聪明,她更喜欢和朋友在一起,不喜欢做作业。我要抓一抓她的学习。"

## 思维模式与懒散的孩子

我在最初开始思索成长型思维模式与懒散的孩子之间有怎样的关联时，以为答案是显而易见的。孩子如果对什么都不关心，他们的思维模式往往是固定型的（比如"我做不来这件事"），他们身边的成年人也大多持有固定型思维模式，觉得孩子已经无法改变（比如"他很懒，他一直都是这样"）。但是，我错了。当然，固定型思维模式的确是其中的一个问题，但这个事情远非这么简单。看一看下面这些场景，哪些是您熟悉的？而这些场景中，问题的解决方式有很大差别。

- **您曾经持有成长型思维模式，认为孩子什么事情都做得到，但后来您放弃了。** 您如果是这样，那么请想一想是哪里出错了（前几章内容可以帮助您判断这是不是由一个更大的问题导致的）。您的孩子其实依然像您曾经认为的那样，所有事情都能做到。

- **您持有成长型思维模式，认为孩子什么都做得到，但孩子的思维模式却是固定型的。** 您或许认为，要解决问题，首先要扭转孩子的思维模式，让它更灵活，成为成长型，但实际上，您应该先反思一下自己的思维模式，或者至少反思一下您的思维模式有哪些具体表现。您有没有把"你真聪明""别人加起来都比不上你的一根小拇指"这样的话挂在嘴边？这些话听上去很好，但是当我们对自己感到失望颓唐的时候，恐怕最不愿意别人告诉自己的就是，我们还有自己没有意识到、没有发挥出的潜能。除了反思自己，您或许还需要想一想为什么孩子的思维方式是固定型的（如果您为此担心，第十一章的内容可以提供一些帮助）。

- **孩子的思维模式可能是天生的**。有些父母会说："从我们带他回家的那一刻起，他就是个不省心的孩子。"或许您还记得，在第六章中我讲过，有些孩子天生是困难型气质。如果您的孩子是这种情况，您需要想办法发掘孩子身上潜藏着的能力。必要的时候您可以求助于治疗师。
- **您和孩子都持有成长型思维模式（或至少都努力让自己的思维模式成为成长型）**，但在学校里孩子被认为持有固定型思维模式，如果这就是孩子对什么都不关心的主要原因，那么要改善这种情况，就需要改变学校环境，可以调整或者重新规划孩子的个别化教育计划，让老师更清楚地了解孩子需要什么，给孩子更多支持。有的时候，要想改变这种状况可能需要换一所学校（本章随后会谈到关于转学的内容）。

每一种情况都对应着不同的解决方式。您需要仔细思考，将您在本书中读到的内容应用到实际生活中。其实，如果您的孩子懒散、对什么都不关心，那我建议您培养他具备一种**灵活的思维模式**，可以让他随着具体情况的变化而改变，从不同角度进行思考，真正相信，一个人在发展的任何阶段都能做出改变。

## 要改善孩子的懒散，灵活的思维方式为什么重要？

关于培养成长型思维模式的研究结论，已经在个人、商业、教育等领域得到了应用。如果孩子或者成年人认为自己的天赋可以通过个人努力、他人指导、学习新技能而得到提升，那么他们便持有成长型思维模式。他们对自己的表现不太担心，将更多的精力投入自己正在学习的东西，因而往往能够取得更大成就。如果学校以成长型或者灵活的思维模式培养学生，孩子们便会拥有更大的能量和决心。而如果学校的思维模式相对固定，那么就容易出现欺骗行为。成长型思维模式往往是一所好学校的标志，但有的时候，有些好学校的思维模式其实比我们想象的要固定僵化，这些学校固执地认为自己的学生非常聪明、很有天赋、天生就能成功。这会让学生以为"学校里的其他同学生来都很聪明，所以我并不适合这里"，会让家长认为学生要想在 SAT 考试①中取得优异成绩，就要多参加考试，而非提升学习效率。

> 生源优异的学校，更可能会对学生持有固定的看法，认为学生都很聪明，这会让一些孩子觉得自己跟不上。

如果孩子有智力障碍或学习障碍，那么他的思维模式往往更容易固定，从而在情感和行为上都出现问题。即使孩子是这样，您也

---

① 编注：即学术性向测验（scholastic aptitude test, SAT），美国大学入学考试委员会首创，1948 年后由教育测验服务中心举办，用以检查学生在学习学术性科目方面的能力和素质、预测中学生进入高等学校学习的能力倾向。

无须悲观，因为成长型思维模式是可以通过技巧习得的。被确诊抑郁症和焦虑症的孩子如果能接受带有成长型思维模式的干预，九个月之后，他的抑郁状态要比没有接受过干预的孩子轻一些。有阅读障碍的孩子如果能接受带有成长型思维模式的阅读干预，他的表现也要好于只接受普通的阅读干预的孩子。

大多数人（及组织）的思维模式通常都会在固定和灵活之间切换。我之前说过，那么懒散的孩子往往被困在了固定的思维模式中，我们的目标不是彻底改变他们的思维模式，而是让他们的思维模式变得灵活。要培养灵活的思维模式，并不是对孩子的努力给予简单的表扬和奖励，这样只会让他小试一下就能满足（之后您将知道这样做的危害）。实际结果是很重要的。如果大人的表扬是虚假的，孩子自然会明白，而且会丧失动机，思维模式也会更加固定。关于成长型思维模式的研究表明，奖励不能只针对过程，而要针对实际的**进步**、**学习**，以及**结果**。大人应该告诉孩子要去向他人寻求帮助、尝试新的策略、从失败中吸取教训，以此让孩子明白自己**为什么**能够收获积极的结果。研究表明，积极参与这一整个过程才能取得理想的效果。

> 如果大人对孩子做出不恰当的表扬，孩子心里对此是清楚的。

一旦事情进展得不顺利，那些思维模式固定的孩子就会觉得格外困难。他们遇到的事情可大可小，小到可能只是拼写测试没考好，大到可能是在学校舞会中醉酒。如果他们的思维模式是固定的，那么在生活中遇到问题和困难时，他们会觉得自己无法克服。如果我们总是想着"没错，我就是这个样子"，那么我们恐怕的确很难变成其他样子了。对于那些在学习或者行为上有困难的孩子而言，这一点尤为明显。他们听了太多类似"快一点""做得再好一点""再努力一点"的话，但是，"再努力一点"并不是解决问题的方式。他们如果找不到其他解决方式，自然就会强化对自己的固有看法，从而更**不**愿意尝试新事物，更**不**愿意冒险，即便冒险可能会带来成功。

那些持有成长型思维模式的学校并不会把标语贴在教室的墙上，而是会鼓励探索活动，让学生适当冒险，同时学校也知道，有一些探索活动未必会有实效。如果学生选择学习重要且有用的课程，学校会给予奖励，哪怕学生并没有实现课程目标。分数并不代表最终结果，而是一种衡量过程的方式。学校更鼓励学生间合作而非竞争，注重每一个学生的成长。这些不是空话，而是会落实在行动中，每个学生都可以在学校里找到自己能够成功的领域。学校提供丰富的课外活动，老师持续做出反馈，对学生的进步制订清晰的衡量标准，这些都很重要。

**衡量进步**

要想在最短时间内改变孩子固定的思维模式，我们可以设定一些能够实现的任务和目标，并衡量孩子每一次的进步。另外，很多研究都表明，让学生们懂得如何通过挑战、失败、继续学习而令大脑的结构发生变化，能帮助他们建立灵活的思维模式。例如，丽萨·布莱克维尔（Lisa Blackwell）和她的同事通过研究发现，如果在进行学习技巧的教学过程中，告诉七年级的学生一些成长型思维模式的知识（比如"学习数学会让你的大脑得到怎样的发展"），一年之后，他会比单纯学习学科技巧的学生取得更好的成绩。这里的关键在于，告诉学生他的努力确实会带来影响，并且用科学证据来证明学习新事物会改变大脑结构。

**尝试新事物**

我猜测，您的孩子恐怕不太愿意尝试新事物。"对一切都不关心"这个特征就预示了这一点。不过，在面对新事物的时候，孩子如果能持有一种灵活的思维模式，将会好很多。灵活的思维模式可以帮助孩子关注自己能够掌握什么，不用过于担心自己会一直陷在当下的状态之中，还可以帮助孩子在开启一项计划的时候更加自信，而不会对此抵触或不愿参与。但是，仅仅告诉他们大脑如何工作或者仅仅鼓励他们尝试新事物，都还远远不够，老师和父母还应帮助孩子评估他们正在采用的策略。如果一个学生不改变自己的学习方法而屡遭失败，那么老师就应该鼓励他尝试新方法，告诉他什么时候可以适当冒险。反馈非常重要。如果孩子已经全然放弃了，那么您可以先这样鼓励他："既然现在什么都没有用，那么我们就找一找新的方法。"您可以聊一聊他的天赋、乐趣、练习，从中找到切入点，设定小目标，在实现目标的过程中及时给予他反馈，告诉他哪些正在起作用，哪些没有起到作用。

有一点很重要：灵活的思维模式并不意味着，孩子在每次面对挑战或遭遇生活中的困苦时，都能够且应该坚持下来。有些情境是无论持什么样的思维模式都无法积极面对的，比如不称职的老师、长期的霸凌，还有一些情境无法通过改变思维模式来转变，只能依靠研究来制定策略、选择工具，以便治疗，比如尚未被确诊或治疗的学习障碍、抑郁症、焦虑症等。

## 错误的表扬：灵活的思维模式会犯错

成长型思维模式这个概念已经变得非常流行，甚至因为太过成功而出现了副作用。在本章开篇，我说过，您或许听到过这样的话："太棒了！你真的非常努力！"这些话如果只说一两遍姑且无伤大雅，但如果说得太多，就会伤害孩子的动机。有些成年人是出于好意，他们在书上读到要培养成长型思维模式，就误以为这就是指要经常对孩子说"你能做到"来鼓励孩子，殊不知这样一来，成长型思维模式就会变成"重在参与"的对立面。

当今，很多孩子在成长过程中都得到过错误的表扬。对于那些懒散的孩子而言，我发现他们往往有两种经历，一种是他们没有得到过**任何**表扬，另一种是他们总是得到表扬，哪怕是因为微不足道的表现。有的时候，这些微不足道的普通表现正是没有得到正确的指导而导致的。举一个例子。霍华德12岁，他非常友善，面对困难能表现自如，从不抱怨。同时，霍华德有阅读障碍，需要在精读方面得到指导，可他从未得到过，所以他的水平比同龄孩子低一些，但是他在其他方面得到了足够多的指导，可以升入高年级。他得到过很多并不恰当的表扬，比如"做得真棒""我很高兴看到你这一年的努力"，父母这么说是想提升他的自信心。后来，在霍华德五年级的时候，他的父母分开了，霍华德在学习上也逐渐跟不上了。他需要在父母各自的住处之间往来奔波，在学校也经常感到沮丧，于是逐渐开始放弃。他三年级时听到的那些表扬，在五年级时再也不奏效了。要帮助他建立一种灵活的思维模式，需要告诉他遭遇挫折的原因。他需要有能力去衡量自己的成绩。当他知道怎样提升阅读能力，并且也有机会去学习这些技巧的时候，他的思维模式终于发生了改变。后来，他成了好学生，他的自信心也自然提升了。霍华德和很多孩子一样，他的自信心之所以得以提升，是因为他面对了问题，并且解决了问题，而不是因为被告知自己做得很好而实际上逃避了问题。

关于表扬，有一个极为关键的点在于，霍华德的老师和父母的表扬针对的是带来这个**结果**的努力，以及学习的过程，他们把**努力**与**结果**关联在了一起，而非仅仅表扬霍华德的**努力**。当霍华德遇到挫折的时候，他们帮助他找寻不同的方法，告诉他什么时候需要寻求帮助。他们不再说类似"不是每个人都擅长阅读，没关系，你有你擅长的东西"之类的话，这会强化霍华德固有的关于自己阅读能力的认知，让他觉得改变的希望非常渺茫。他们让霍华德知道，通过正确的指导，他可以改善自己的阅读能力。霍华德明白，他之所以获得成功，正确的方法、努力和坚持缺一不可。

> 表扬孩子的努力没有错，但要把努力与结果关联在一起。

## 让持有固定型思维模式的学生找到动机

思维模式的发展从三四岁孩子的身上就可以看出来了。研究表明，父母对孩子的失败做何反应，将影响到孩子的思维模式。如果父母对孩子的失败采取消极的应对方式，比如立刻想办法把孩子从失败中拉出来，孩子就会容易认为他所尝试的事情很重要，并且他自己做不到。在孩子很小的时候，父母往往能避免这一点。比如孩子在学走路的时候，父母都知道孩子会经历失败，他会磕到桌子，会哭，但父母也知道他最终一定能成功。父母不会在孩子摔倒时立刻把孩子抱起来，对他说"不是每个人都擅长走路。没关系，你还很擅长说话"，也不会走到哪里都抱着他以防他再次磕到桌子，更不会说"我很高兴看到你为学走路付出了努力"。他们会拉着孩子的手，慢慢引导他走路，然后会走开一点，对孩子说："来这里！再走两步！"可是，一旦过了这个阶段，父母就开始容易焦虑了。

> 孩子学步时如果摔跤了，我们不会说"不是每个人都擅长走路，没关系，你还擅长讲话"，也不会走到哪里都抱着他以防他再次摔跤。我们会引导他一步一步学会走路。

通过您在孩子遭遇失败时选择的处理方式，孩子可以知道您有多么焦虑。什么都不关心的孩子往往容易遭到失败。您通常会怎样面对孩子的失败呢？您会立刻就试图弥补吗？会生气吗？会安抚他吗？您的表现会让人觉得好像一切都已经无可挽回了吗？对于最后一个问题，如果您的回答是肯定的，就说明您对孩子的想法是固定的。如果父母的思维模式是固定型的，他们通常会这样说话：

"他到底会成为什么样子呢？如果他六年级时考试成绩还总是C，他以后什么事情都做不成。"

"如果她不上大学，以后还能做什么呢？"

"他的西班牙语这科肯定及不了格，他英语也学不好。"

"我想象不出如果没我提醒，她以后该怎样独立生活、做饭、按时上班！"

要知道，绝大多数孩子不需要父母提醒自己该做什么，他们都能学会独立生活。每次有人问我"你觉得要想让孩子独立，最重要的是什么"，我都会回答："是他们长大了。"要相信孩子，即便最让人难以招架的孩子也可以长成一个很棒的大人。我在下面还列出了一些建议，希望可以在这个过程中帮助到您。

> 要想让孩子独立，最重要的是什么？是他们长大了。

- **通过失败和挫折加深学习和理解**。您如果觉得已经无路可走了，不妨问问自己："我们可以通过这一切学到什么？"您可以帮孩子总结一下问题——您或许已经知道问题所在了，不过最好还是用语言表达出来，不要让问题显得太可怕。比如："你在四年级过得并不顺利。我很担心。你不写作业了。我们从中能学到什么呢？下一步该怎么做呢？"想一想接下来该怎么做。要和老师聊一聊吗？去学校找一位心理专家吗？去做个检查？要让孩子知道您正在处理这个问题，这对孩子也会有帮助。有时候，只要父母安排让孩子和心理专家见面进行检查或治疗（即便只是安排了约见日程，还没有实际见到），事情就会有所好转，这会让孩子知道，事情还有转机。哪怕只是问一句"你觉得怎样做最有效"，都是在告诉孩子，问题不是不能解决的。
- **表扬孩子时要依据事实**。有些对什么都不关心的孩子，他们的父母（有时是父母其中一方）对一切都会提出表扬，只求能让孩子找到动机。但是，如果表扬是空泛的，落不到具体的事情上，就难以提供真正有效的动机。空泛的表扬没有说服力，特别是从父母口中说出的。当然，您也不希望太悲观。所以，要找到一个恰到好处的中间地带，不过这对于父母而言难度很大，每个孩子的"中间地带"都不一样，这没有什么规律可言，只能好好观察。

- **告诉孩子，人的大脑就像肌肉，需要锻炼**。体育锻炼可以帮助人们增加肌肉、减轻体重、获得更好的技能。大脑也一样，不过大脑的"体育馆"是读书、学习新东西、和别人一起探索新想法。

## 关于转学的考量

有些父母因为孩子对什么都不关心而感到绝望，他们经常问我，有没有必要给孩子转学。我会告诉他们："尽量别让孩子转学，如果必须转学，我们需要仔细掂量。"转学在一定程度上会扰乱孩子的生活，特别是八年级到十二年级的孩子。孩子面对您现在已知的这些问题，总比面对新环境中可能会发生的一切要容易。有人认为，孩子如果从幼儿园起就一直在一个不变的环境中生活，没有融入同龄人群体，或者被贴上了不合适的标签，直到六年级时他还觉得自己和在幼儿园的时候没有区别，那么，就该换个环境了。如果孩子在学前班时被认为"爱咬人"，一年级时又被认为"多动"，身边能接触到的只有一小部分亲人，那么等他上了六年级，可能会认为自己就是这样的了。不过，我还是真诚地建议各位父母，在转学之前，要充分考虑学校的方方面面，因为换一所新学校并不能保证孩子的行为会有所改变。如果转学没有达到预期中的效果，那么孩子和父母都只会更加失望，这会让本就固定的思维模式再次得到强化。不过，转学对于一些孩子来说确实有很大益处。

**在什么情况下需要转学**

在什么情况下孩子需要转学呢？父母可以参考下面几种情况。

- 孩子总是不开心，身边没有同龄的朋友（针对这一点，后面会有更多论述）。
- 孩子在学业、社交、情感等方面，甚至还在更重要的方面都没有进步。
- 孩子正在退步（这是最重要的一种情况）。如果孩子在退步，就意味着需要做出修正。
- 孩子有可能被其他学生或老师霸凌，他的安全令人担心。
- 学校无法满足孩子的基本需求，比如课程太难或者太简单；创新性项目或者课外活动不合适；孩子有特殊的学习困难，学校无法给出妥善处理；孩子被孤立。

父母做出转学的选择需要谨慎考虑，如果能成功，将展现出成长型和灵活的思维模式的价值。要告诉孩子："我觉得你从现在的学校得到的信息并不准确。""你现在的学校没有给你足够的成长空间。我们来换一所学校吧，试着找找其他机会。"我发现，**尝试**在公立学校和私立学校中做抉择，本身对孩子和家庭来说就起到治愈效果了。即便您还没有实际采取行动，选择本身就已经是在帮您减轻焦虑了。有的时候，在找了许多学校之后，父母会来跟我说："他还是待在现在这所学校比较好。我们可能会等他高中的时候再考虑换学校。"对不同选择加以研究，可以更好地理解现在的学校，从而帮助父母做出更好的决定。

> 有的时候，仅仅了解一下其他学校的情况，就可以帮您减轻焦虑，让您知道孩子现在的学校是否合适。

**转学时需要考虑的因素**

您如果已经决定了要给孩子转学，那么这时还需要考虑哪些事情呢？

- **孩子的感受**。您一定不希望将转学视为逃避，而愿意将其视为积极的、有助于孩子成长的机会。如果您决定要给孩子转学，就请尽自己所能让转学成为一次积极的经历。积极参与目标的设定，问问孩子她希望能在新学校得到什么，有没有哪些社团或者活动能让她兴奋？很多时候，孩子们其实对于转学的决定是会感到解脱的，但他们不愿意对父母表达，因为他们觉得转学仿佛意味着他们的失败。如果您的孩子也是这样，请告诉他："我知道转学很难，但我希望能让事情变好。"如果您正在开始考虑转学的事情，可以让孩子一起参与，对孩子说："让我们一起找一找，是不是有其他学校更适合你的学习方式。"

- **孩子的朋友**。如果家长告诉我，他的孩子在学校有一群同龄的朋友，我就会更加犹豫，特别是孩子在读初中或者高中时，因为维护良好的人际关系并不容易，转入一所新的学校后，交到亲密的朋友并非一件轻而易举的事。有些孩子之所以不愿意上学,是因为在学校的时间对他们来说很难熬,可能他们有潜在的学习或者注意力方面的障碍,这的确会影响到他们的学业,但并没有影响到其他方面(比如社会关系)。这种情况下,相比转学,解决学习中遇到的困难要更加有效。如果孩子没有太多朋友,而且很难融入新的同龄人群体(比如,五年来他身边的朋友一直都是那些,并且从来没有人邀请他参加过生日聚会),那么问题并不在于学校,而在于孩子缺少合适的同龄人群体。总之,最好有一个计划,能保证孩子在融入新的社会环境的同时,还能维系旧有的人际关系。

> 转学的目的是改善学习环境,但孩子能拥有良好的人际关系也同样重要。

- **新学校的环境**。老师、课程设置、班级规模,这些都很重要。要确保课程设置有利于孩子成长,有足够的师资能满足每个孩子的需求,而且老师的素质是过关的。
- **课外活动**。如果孩子对一切都不关心,他大概率不怎么参加课外活动。再次评估一下孩子的APP,他擅长什么,热爱什么,经常做什么。如果要转学,就一定要确保新学校能提供机会,让孩子探索自己的兴趣。

## 培养现实的思维模式

培养一种现实的思维模式,意味着您把在本书中读到的东西付诸实践——找到孩子的兴趣、设定适合的目标、了解孩子的气质。这需要时间。您如果暂时做不到位，可能会感到沮丧。不过，仍然有一些事情您可以立即着手，这些事情可以帮助您的家庭培养起成长型思维模式。

- **重新定义失败**。不要问孩子"今天都好吗？"试着问问他们："这周在哪方面遇到了问题？""这一周里你从错误中学到了什么？"不要回避谈论孩子的失败，这样的谈话正意味着您在和孩子一起想办法，当遇到不顺利的时候，你们会一起解决。
- **改变和孩子说话的方式**。要确保您说的话里不含有"错误的思维方式"，比如"你真聪明""你天赋真高"，可以这样说："你练琴次数越多，弹得就越好。""你参加完所有的棒球训练之后，看上去更享受比赛了。"有时候孩子自己也会这样说。我记得有一次，我的儿子正在读五年级（或是六年级），他对我说："我顿悟了！如果我认真准备考试，就会发现自己知道每个问题的答案，真的不难！"我当时非常惊讶，我个知道我是因为他用了"顿悟"这个词还是因为他自己发现了这其中的关联而惊讶。后来，在他的整个高中阶段，每次他遇到困难，我都会用这句他自己说过的话来提醒他：当你调动你的大脑，去练习，去想办法增加成功的机会，你的确会更接近成功。在你顿悟的时刻，你会享受到*发现的快乐*！

> 您的话语对于孩子培养现实的、灵活的思维模式，具有深远的影响。

- **不要为了每一件小事情而指责孩子**。如果孩子对一切都不关心，作为父母自然会经常感到烦躁。而当我们感到烦躁的时候通常会怎么做呢？我们会反应过激。孩子都会做错事，但是如果孩子对什么都无所谓，他们的父母会觉得每一件事都不对。如果一个 17 岁的好孩子晚上比约定时间晚到家 10 分钟，父母可能会觉得是路上不好走，但如果这是一个对一切都不关心的孩子，父母就会觉得孩子一定是做了什么不好的事，为了销毁证据而耽误了时间。请不要做没有证据的猜测（而且要知道，好学生也会做不好的事，他们只是更擅长不被发现）。

- **关注自己**。要掌握好自己的情绪。如果孩子不上大学了，您会忧虑吗？（您可以再读一读第八章，那里有关于准备上大学与除上大学之外其他选择的相关内容，提醒自己，为什么不上大学并不意味着一切都结束了。）您对孩子的期待是否根植于您自己的焦虑情绪？如果孩子浪费了所有的机会，您会为她的未来担心吗？如果孩子对一切都不关心，您会焦虑吗？这当然会令人不安，但是焦虑是会传染的，孩子不仅自己没有安全感，还会被父母的焦虑影响。尝试自我反思，这可以帮助您厘清这些问题。管理好自己的焦虑情绪，为孩子树立榜样。

- **有时候，您可能眼下什么都做不了，只能等待，等待时要放平心态**。这种心态对父母来说非常难。我们总是想着当即就要帮孩子解决问题，但有时候我们确实需要培养耐心。要记得，您面临的是孩子正在经历的漫长的成长过程。成长不是一蹴而就的。您现在要处理的问题只是这整个过程中的一个部分，了解到这一点可以帮您缓解焦虑，培养成长型思维模式。

## 付诸实践

我在第十一章和电子资源中列了一些指导建议清单和短期项目，希望可以帮助您和孩子尽快地参与进来，找到动机，拥有学习的热情。希望您不要依赖于"指导手册"，也不要试图寻找类似的东西，而是以动态的眼光看待问题，不断思考。要解决孩子的问题，您可以多思考一下孩子的APP，他擅长做的、热爱做的、经常做的事情，还可以想一想自己对孩子的期待，您的期待是否与孩子的目标相符。您可以思考以下问题。

- 孩子可以做到我要求的那些事吗？如果孩子相信自己可以做到，那么他就拥有能量和精力。那些懒散、对什么都不关心的孩子往往不相信他们可以成功，因为他们缺乏自信，能力不足，或者他们并不想去做被别人要求做的事情。要记住下面这几点：
  - 如果孩子相信自己付出努力就可以成功，那么他通常期待自己能成功。如果他觉得自己没有能力完成您要求他做的事情，那么您再怎么劝说他也无济于事。成功是要靠成功来滋养的。
  - 如果孩子得到了恰当的支持，比如得到了鼓励，或者可以帮助他完成任务的资源，那么他更会相信自己能够做到，也会有更多动机。
  - 如果孩子知道您对他的期待，并且有足够清晰的目标，他通常会更有动力。

- 如果孩子能够得到反馈，并且从中知道自己的努力确实起到了作用，以及努力如何起到的作用（针对技巧而非能力），那么他们会更容易对事情多加关心。
- 父母和老师的期待与态度会影响到孩子对自己的期待与态度。高期待（给孩子太多压力）和低期待（"他什么都做不了"）都会左右孩子对自己的看法。

● 孩子有动力去做我希望他做的事情吗？他想做吗？要记住下面这几点：

- 如果孩子在活动中遇到挑战，而解决这一问题需要借助他曾经有过的成功经验，那么孩子会更容易对事情多加关心。
- 如果孩子相信活动有意义、有目的，那么他们更容易有动力。
- 如果孩子觉得活动和学业非常有趣，他很喜欢，那么他会更容易对事情加以关心。反之亦然，如果孩子被要求日复一日地做无聊的事情，那么他几乎不会再关心事情。
- 如果孩子在做一件本来很令人愉快的事情时得到了太多的外在奖励和激励，那么他们的表现和动力就会变差，而非变好。
- 人际关系很重要。如果孩子总是与热爱学习的老师和培养了孩子的热情的父母互动，那么孩子更容易对事情加以关心。

● 是什么让孩子失去了动力？怎样才能清除这些阻碍？下面是一些可能会令孩子对什么都不关心的因素，其中一些很容易改变：

- 在时间安排上被提出太多要求。
- 认为不需要在某个活动上花时间,不理解这个活动有什么意义。
- 在学校或者在家的时候感到不安全、不自在。
- 认为课业不合理(比如作业太多)。
- 认为课业不必要(比如任务太过繁重)。
- 在执行功能或其他学习能力、情感等方面有障碍,导致在学校生活及生活的其他方面中遇到更大挑战。

最后要指出的是,抑郁症、焦虑症、学习障碍、ADHD 等可能会导致孩子放弃。在后面的章节我会告诉您什么时候需要担心,以及导致孩子懒散、对什么都不关心的其他特殊因素。

## 想一想 谈一谈 做一做

### 💡 想一想

- 您的思维模式经历过哪些变化?
- 孩子持有什么样的思维模式?有过变化吗?
- 您在哪些活动中表扬过孩子?您是怎么表扬的?
- 孩子的老师怎样评价孩子?他们的思维模式是固定的还是成长型的?他们都怎样表扬孩子?
- 孩子最近因为自己的进步得到过什么样的反馈?
- 孩子失败时您会怎么做?您会立刻替孩子解决问题吗?会生气吗?会安抚孩子吗?您的表现会让孩子

觉得一切无法挽回了吗?
- 您对孩子的期待中包含了您自己的焦虑吗?
- 您要求孩子做的事情,他有能力完成吗?
- 您希望孩子做的事情,他有动力去做吗?
- 导致孩子对什么都不关心的因素有哪些?有办法清除这些障碍吗?

### 谈一谈

找一个具体的问题,问问孩子:
- "你觉得怎样最有帮助?"
- "这周你遇到了哪些困难?"
- "这周你从错误中学到了什么?"

### 做一做

- 和孩子聊一聊大脑的功能。在电子资源中有一些资源可以帮助您。
- 一家人一起做一些有趣的锻炼大脑的活动和游戏,尽量从中学习一些新技能。
- 改变表扬孩子的方式,在表扬时要针对具体的努力和孩子做出的改变。
- 留意自己的思维模式,留意您表达时的措辞和举止。如果意识到问题,请尽量做出适当的改变。

# 第四部分
# 更多帮助

第十一章

# 问题的严重程度与解决方法

父母都会担心孩子（至少是有过担心的时候），我想，既然您读了这本书，想必是因为您觉得自己的担心超过了作为父母正常的担心。或许，读完这本书，您就能意识到事情并非如您想象得那么糟糕，但也有可能您更担心了。人的担心原因往往并不容易厘清。您或许会想："是的，我的孩子没有动力，对什么都不关心，但除此之外他还有更多问题。"本书并不讨论那些"更多问题"，不过，我还是希望能给您一些建议，让您尽量明白什么时候需要对"更多问题"加以关注，怎样找到解决办法。

精神问题和学习障碍十分常见，大概每五个孩子中就有一个在生活中患有过可诊断的心理障碍。有些"障碍"是短期的，比如在创伤之后，孩子可能有焦虑障碍，但经过治疗，相应症状能够在较短时间内消失。还有一些"障碍"可能会持续到成年，比如孤独症谱系障碍和阅读障碍。此外，一些孩子的问题相对较小，比如由父母离异或转学而引发的行为问题。要想知道您是否需要为这些问题担心并寻求帮助，就需要先了解这些问题在多大程度上干扰了孩子的功能。

其实，要判断问题的严重程度，首先要看的就是"干扰功能"。您可以思考这样一个问题："孩子的行为或症状有没有影响到他做作业、交朋友、做成一件事？"如果回答是肯定的，您需要接着思考行为发生的**频率**、**强度**，以及行为发生时的**严重程度**。但是，在继续讨论这些概念之前，让我们先来理解何为**正常**。

> 在判断问题的严重程度时，首先要思考一下，这个问题如何干扰了孩子的功能。

## 存在真正的正常吗？

对此一个简单的回答是："取决于你如何看待。"有一种视角是从"这个孩子哪里不同"出发，换言之，如果孩子展现出过多不属于这个年龄段孩子应有的行为（比如依赖性太强或攻击性太强），我们可能会认为这个孩子是不正常的。比如，当我要评估孩子是否患有 ADHD 时，我需要评估和该年龄段的普通孩子相比，这个孩子是否有注意力不集中、较为冲动或过分活跃的表现。

我们还会从文化的视角判断孩子是否"正常"。如果孩子的举止不符合他的年龄和相应文化的期待，我们会觉得孩子的举止不正常。在有些群体中，男孩子应该是具有攻击力的，所以男性的攻击力在这种文化中就是正常的。有些文化认为青少年理应好好学习，争取考上大学，所以，如果孩子的成绩是 B，这种文化环境中的人们会觉得这个孩子一定有注意力方面的问题或者学习障碍，但换一种文化环境，人们可能就不这么认为。有的时候，人们对"正常"

的定义很宽泛，有的时候又很苛刻，但无论如何，要想知道孩子如此令人担忧的背后是否存在更重要的诱因，可以通过其情感、行为模式和能力来判断。

从精神卫生的角度，正常指的是"心理健康"。行为正常的孩子可以拥有高品质的生活，他们在学校、在家、和朋友一起时都能表现得很好。如果孩子的生活质量较低，功能表现较差，没有亲近的朋友，他就会出现一些症状（参见下面方框中的内容），那么他的行为就很可能是不正常的。

> **需要关注的行为**
>
> 下面列出的是对于那些懒散、对什么都不关心的孩子而言，最常见的需要引起关注的行为。要记住，只有这些行为影响到功能，它们才是"非正常的"，另外，这些行为也是长期的，通常持续几周或几个月。
>
> ❑ 在家或在学校难以集中注意力。
> ❑ 无法控制冲动与暴力，发脾气的强度和频率与该年龄段的其他孩子通常的状态不符。
> ❑ 不遵守规矩，特别是当您一再强调规矩的时候。
> ❑ 无法与他人和谐相处，以至于您觉得其他家庭成员总是"如履薄冰"。
> ❑ 在学校学习容易遇到困难（学不会阅读、拼写、写作，完成不了作业），在写作业上也容易遇到困难。

- ☐ 旷课,被开除,总是被学校留下。
- ☐ 自信心总是很低,经常觉得自己比不过同龄人。
- ☐ 与同龄人相处有困难,没有朋友。
- ☐ 感到难过、抑郁,或者焦虑。
- ☐ 做出反常的行为,比如谈起或去体验一些不合常理的事情,经常有重复行为,躁狂,表现出强迫性思维或强迫性行为。

## 多频繁?多严重?造成了多大的影响?

我之前提到过,要判断是否需要对问题给予进一步关注,需要看一看问题的强度、发生频率,以及其所导致的行为的严重性。问题已经不止一次地出现了吗?当问题出现的时候,孩子的症状和行为非常严重吗?有没有干扰到孩子的正常功能?我已经给出一些建议帮助您思考上述这些问题,但是,我还是要告诉您,从来没有父母在评估之后跟我说过"希望再晚一点做评估"之类的话。我听到的大多数是:"我们怎么没有早一点来?我们本可以更明白到底发生了什么,更清楚我们应该怎么做。"有的时候父母来咨询,发现问题并不严重,他们会说:"孩子正常就好,我终于可以睡个安稳觉了。"

下面的一些建议,可以帮助您判断是否需要寻求帮助。

- **孩子的行为极端吗?** 这里的行为指的不是略显"不正常"的行为,而是那些您在其他孩子身上从未见过的行为。可能您没有注意到这样的行为,但或许其他人注意到了。老师有没有说过孩子平时总是落在后面?没有条理?注意力涣散?容易冲动?焦虑?如果很多人都跟您说要检查一下孩子的行为,那么您或许的确需要检查一下。

- 问题已经持续一段时间了吗?问题是不是长期的?有没有每天都出现(比如持续的焦虑,或者与家庭事务相关的日常问题),或者不断重现(比如较严重的抑郁,先持续一段时间,后来缓解,之后再持续一段时间)?
- 是否存在一系列症状,每一个症状单独看都比较轻微,放在一起就严重了?比如,孩子是否开始对什么都不再关心、变得焦虑,同时在数学学习上也遇到了困难?
- 孩子和其他同龄人相比是否没有进步?这一问题涉及的范围较大,既包括社交能力障碍,也包括无法专注于学业。
- 孩子的行为所带来的后果严重吗?孩子有饮酒或服用药物吗?有没有逃学?会不会谈到自杀或创伤?即便这些行为不是长期的(或者说,您之前不知道孩子服药或者想过自杀),也要足够重视。

对于上述问题,特别是最后一个问题,如果您的回答是肯定的,那么您最好寻找更多的信息和帮助。

## 是的,我很担心……我接下来可以做什么?

如果您很担心孩子的行为,有两类人可以咨询,孩子的老师和医生。医生可以根据孩子普遍的发展状态来评估孩子的发展轨迹。老师与孩子相处的时间较多，可以告诉您孩子和其他同龄孩子的行为举止有哪些异同。我建议您，从您信任的人那里尽量获得更多信息。如果您不相信孩子现在的老师，或者您换了一位新的医生，就不必从现在的老师和医生身上入手了，可以问问孩子之前的老师、孩子的照护者，或者对孩子比较了解的教练。

> 孩子的老师和医生往往是您了解孩子更多信息的最好渠道。

### 了解更多信息

您如果需要了解更多关于孩子的信息，可以怎么做呢？下面列举了一些方法（在下一节我会谈到为什么这些方法涉及不同类型的专家）。

- **通过学校体系做一次评估。** 无论您的收入高低，也无论孩子是否就读于公立学校，孩子都有权通过学校体系做一次免费的评估。首先，您要通过学区特殊教育部门申请进行测试（最好是手写申请，也可以先打电话）。学校一旦收到申请，必须在一定时间内给予回复，各州对学校回复的时间规定不同。这种方式有很多好处。这项服务是免费的，评估团队由学校体系支持，您无须支付任何费用。如果孩子的问题主要在于学业方面，或者孩子的行为影响了他的学校生活，那么这种方式非常值得推荐。而如果孩子的问题主要在于情绪方面，或者孩子需要得到明确的诊断，您最好选择专家评估，因为学校评估不会做出诊断，通常也不会评估诸如抑郁症、焦虑症等心理问题。
- **寻求专业人士的评估，比如专业评估儿童学习障碍、注意力缺陷多动及其他发育性障碍的儿科神经心理学家**。这种方式的好处是：无论学校是否提供，孩子都可以得到诊断和建议；您可以选择为孩子做评估的专家；这种评估通常更全面。这种方式的缺点在于：预约时间一般比较长；保险不一定覆盖。（测试通常比较昂贵，全面的神经心理评估可能需要上千美元，甚至8 000美元或更多，这具体取决于您所在的地点。除了测试昂贵，整个过程对于临床医生而言需要花费的时间也更长，一般需要12～20小时。）
- **约见精神卫生方面的专家，比如专业治疗儿童发育障碍的心理学家、精神病学家等**。医生（或者学校老师）通常会建议您直接带孩子去做治疗。如果孩子的问题主要在于心理和行为方面，或者确定有学习障碍，那么这种方式值得推荐。有很多种专家可以提供这种治疗的，通常是儿童心理学家和精神病学家，不过要注意，不要过于看重专家的头衔，而要关注他们本人及其经验（下面会列出您可能需要了解的专家类型），至少您需要知道您要咨询的专家在您所在的州是具有行医资格的，而且拥有给丧失动机的孩子进行评估和治疗的经验。

**专家种类太多、预约机会太少**

当您决定去寻求评估或治疗之后，您遇到的最大的问题恐怕是，无法在合适的时间里约到专家，就更不要说约到您想约的专家了。在精神卫生领域，专家非常短缺，特别是针对儿童问题的专家。我建议您请信任的人帮您一起预约，比如老师、儿科医生，或者其他家长，您还可以在候补名单上排队。不要灰心，要让专家知道（更重要的恐怕是要让负责安排专家出诊时间的管理人员知道），哪怕约到了最后的时段您也愿意来见。那么，要去找哪些专家呢？您可以参考下面的信息。

- **临床心理学家**。临床心理学家拥有心理学相关专业的哲学博士学位（PhD）或心理学博士学位（PsyD）[①]，拥有执业资格。这两类博士均致力于对个人进行评估与治疗，因此受过相同的训练，但是，在获得相关博士学位的专家中，只有一部分专家专注于针对儿童、青少年和家庭。他们在大学毕业后，会在研究生院继续攻读至少四年，接受过针对心理障碍的评估与治疗方面的专业训练。研究生院毕业后，他们在第一年会进行全职实习，第二年会在专业指导下进行博士后的训练，之后才可以申请执业资格。
- **儿童心理学家**。儿童心理学家在评估和/或治疗儿童方面受过专业训练。许多儿童心理学家还专注于神经心理学、认知行为治疗、家庭治疗等方面。您可以了解相关心理学家是否在您和孩子需要的领域有所专长。

---

[①] 译注：这里指的是欧美的学术体制。PhD 为哲学博士，即我们通常理解的学术博士学位，绝大多数学科都可以授予 PhD 学位，相应地，心理学专业可以授予心理学博士学位（PhD in Psychology），培养目标侧重于学术研究。PsyD 为心理学博士，即专为心理学专业所设的专业博士学位，培养目标侧重于心理学临床实践。在中国大陆的学术体制中，心理学专业多设学术博士学位，专业博士学位相对较少。

- **神经心理学家**。神经心理学家属于临床心理学家,他们通过神经心理学测试来评估智力、记忆、语言、学业、视觉运动等方面技能,从而对学习障碍、注意缺陷障碍及其他发育障碍等做出诊断。
- **学校心理学家**。顾名思义,学校心理学家通常在校园内工作,为学校师生的咨询提供服务,并负责行政人员测试。
- **儿童精神科医生**。儿童精神科医生专注于针对心理和精神障碍的诊断与治疗。精神科医生可以开具处方药,但心理学家通常(在大多数州)不具备开具处方药的资格。
- **其他专家**。比如拥有执业资格的**心理健康咨询师**、**言语语言治疗师**(评估和治疗语言与言语问题)、**作业治疗师**(评估和治疗精细运动和感觉统合障碍)、**物理治疗师**(评估和治疗粗大运动和身体功能情况)。

### 您可以从评估中获得什么?

无论您最后选择的是哪种专家,无论您是为了治疗还是综合评估,专家首先都会与您和孩子聊一聊,倾听并思考孩子在情感、行为、认知、社交功能方面的情况,以及任何可能导致孩子出现某种行为的具体环境。专家首先会面诊,问一问您为什么要来做治疗(也就是了解您如何看待孩子的问题),还会详细问及孩子的发展经历。如果是在学校做测试,有时专家会先观察孩子在教室里和操场上的行为表现。如果是心理测试,专家通常首先会请父母和老师填写表格,评定孩子的行为。

诊疗过程中,专家通常会分别安排与您和孩子单独的面谈,也会安排一起的面谈。"面谈"一词可能会让您觉得是在找工作,很多人都对这个词感到困惑,因为这个词既不温暖也不友好。但其实,你们只是聊一聊,专家会问起孩子的发展与就医经历、家族史、社交关系、学业表现,以及您对孩子的期待、担心、希望与关怀。不过,您也可以把它作为一次面谈,来判断您对面的专家是不是合适的人选。一次好的面谈不会只关注孩子的问题,还会发现孩子的优势与优秀品质。面谈往往没有固定的流程,问题和聊天都是灵活的。专家在听取父母的讲话时,会判断哪些地方可以进行进一步挖掘。评估的结论可以帮您理解孩子的具体问题,从而进行合适的诊断和治疗。

> 第一次约见专家的时候,可以使用"面谈"一词,因为您要判断,对孩子进行评估,这位专家是不是合适的人选。

可以进行哪些治疗?

这在很大程度上取决于您所在的地区,有些地区的资源比其他地区的更加丰富。另外,和实际的干预过程相比,合适的人更为重要。许多研究表明,当患者与医生的关系和谐,治疗便可能产生神奇的效果。所以,不必过分执着于寻找最佳的治疗手段(除非是具体适用的手段,比如针对针头恐惧症采取认知行为治疗),许多有经验的医生会使用多种医疗手段。下面列举了一些可能会用到的治疗方式。

- 传统心理治疗,又称"谈话疗法"。如果这种说法让您想到一个人躺在沙发上回忆自己十年前的梦想,那么我可以高兴地告诉您，这样的治疗场景现如今已经很少见了。虽然这种治疗对一些人来说有着不错的效果，但大多数人都没有足够的时间或金钱来采取这样的治疗。谈话疗法主要关注目的与想法，致力于让患者更了解他们面前的困难，想办法改变有问题的行为。谈话疗法针对抑郁症的治疗非常有效，同时可以帮助患者面对人生的变故（无论大小），与同龄人建立友谊。

- **认知行为治疗（CBT）**。认知行为治疗主要关注解决方案。这种治疗方案基于一种假设，即我们感知环境和自身的方式决定了我们对环境与自身的反应。认知行为治疗致力于识别出有问题的行为和思想，从而扭转这类行为与思想，使孩子更加适应环境。认知行为治疗可以帮助孩子在面对问题时采用更佳的应对策略，帮助孩子意识到并管理自己的行为。认知行为治疗对于抑郁症、焦虑症、ADHD、对抗行为、恐惧症、强迫症、创伤后应激障碍，以及孤独症部分症状的治疗非常有效。从上述一系列适应证中可以看出，认知行为治疗在近二十年得到了深入的研究，对于多种行为的治疗很有效果。

- **家庭疗法**。家庭疗法的基本思路是，孩子在与他人的关系，特别是与家人的关系中生活成长。家庭疗法不同于前面提到的疗法，它不将孩子作为单独的个体，而把家庭看作一套整体的系统，认为孩子的"问题"不仅存在于孩子个人身上，更依赖于与家庭相关的多种因素。家庭疗法致力于提供更好的沟通技巧，帮助家庭找到有可能造成家庭成员焦虑、抑郁的那些冲突与场景，帮助家庭成员彼此之间建立更紧密的关联，利用家庭已有优势帮助家庭成员解决问题。

- **学校提供的服务**。如果孩子在学习方面有困难,或者由心理或行为问题导致学业上遇到困难,那么学校提供的服务会很有帮助。如需获取学校的帮助,您可以申请评估,获得享受学校支持的资格。学校提供的服务通常包括在学业上提供家教辅导、社交技能小组支持、行为支持、咨询支持、课堂调整、专业的学习环境支持等。
- **其他治疗**。包括**药物治疗、作业治疗、物理治疗、言语语言治疗**等。通常在采取这类治疗之前,孩子已经通过上面提到的治疗方式得到了评估。

## 要 点

父母会担心的事情有很多,可以获得的帮助亦有很多,本章很难全面涉及。我建议您可以向您信任的人寻求支持。此外,下面还有一些值得注意的事项,供您参考。

- 您如果感到担心,不妨去寻求支持。您可以去找找学校的老师和孩子的医生,以及心理医生和精神科医生,他们可以在必要的时候提供进一步的评估。
- 找到合适的医生需要花费一定的时间,您可以找您信任的人,请他们给些建议,或者去医学院或大学的心理学系搜集一些可靠的资源。您还可以看一看医生的执业信息,从中了解正确的方向。在心理学家和心理健康咨询师的培训网站上往往可以检索到不同医生的评估与治疗方案。总之，**相信您的直觉**。如果您没有找到特别契合的医生，也没有关系，您可以接着找，直到找到满意的。

- 没有"完美的"治疗方案，许多儿科医生会采用多种治疗方案，无论他们采用哪种，最重要的是，要相信医生的能力。
- 无论采用哪种治疗方案，都应该切合孩子和家庭的具体需求，符合孩子的发展阶段。一种方案如果对于 4 岁的孩子有用，那么对于 14 岁的孩子很可能就不太适合。
- 无论孩子遇到了什么问题，无论是什么导致了孩子懒散、对什么都不关心、抑郁症、焦虑症，或者其他一些情况，都要相信，总会有合适的治疗方案。对于一些孩子来说，他们需要综合多种方案，比如一边接受认知行为治疗一边服用药物，或者一边服用药物一边寻求学校的帮助。要积极**寻求治疗**，这是最重要的。
- 当地的学校体系可以为您提供很大支持（哪怕孩子就读于私立学校），但是您需要主动寻求支持。您是孩子最有力的后盾，如果您感到学校并不能满足孩子的需求，孩子没有取得相应的进步，或者每次孩子回家后都表现出对学校的厌恶，那么学校一定存在一些问题。您可以要求对孩子进行评估。如果孩子已经接受了评估，您需要确认孩子有没有获得相应的支持。

本书会提供一些电子资源，与本书各章所述话题相关，您可以从中获取更多信息[①]。

---

[①] 编注：关注公众号"华夏特教"，获得书中相关电子资源。